国家智库报告 2019（4）
National Think Tank
经济

中国海外投资国家风险评级报告
（2019）

张明　王碧珺　等著

REPORT OF COUNTRY-RISK RATING OF OVERSEAS INVESTMENT FROM CHINA(CROIC-IWEP) (2019)

中国社会科学出版社

图书在版编目(CIP)数据

中国海外投资国家风险评级报告. 2019 / 张明等著 . —北京：中国社会科学出版社，2019.3

（国家智库报告）

ISBN 978 – 7 – 5203 – 4193 – 6

Ⅰ.①中… Ⅱ.①张… Ⅲ.①海外投资—风险评价—研究报告—中国—2019 Ⅳ.①F832.6

中国版本图书馆 CIP 数据核字（2019）第 047926 号

出 版 人	赵剑英
项目统筹	王　茵
责任编辑	喻　苗
特约编辑	李溪鹏
责任校对	张依婧
责任印制	李寡寡

出　　版	中国社会科学出版社
社　　址	北京鼓楼西大街甲 158 号
邮　　编	100720
网　　址	http://www.csspw.cn
发 行 部	010 – 84083685
门 市 部	010 – 84029450
经　　销	新华书店及其他书店
印刷装订	北京君升印刷有限公司
版　　次	2019 年 3 月第 1 版
印　　次	2019 年 3 月第 1 次印刷
开　　本	787×1092　1/16
印　　张	10.25
插　　页	2
字　　数	105 千字
定　　价	48.00 元

凡购买中国社会科学出版社图书，如有质量问题请与本社营销中心联系调换
电话：010 – 84083683
版权所有　侵权必究

摘要： 中国已经是全球第二大对外直接投资国。但在对外直接投资迅速增长的同时，中国企业海外投资面临的外部风险也在显著提升。本书从中国企业和主权财富的海外投资视角出发，构建了经济基础、偿债能力、社会弹性、政治风险和对华关系五大指标共 41 个子指标，全面和量化评估了中国企业海外投资所面临的主要风险。从总的评级结果来看，发达经济体的经济基础较好，政治风险较低，社会弹性较高，偿债能力较强，整体投资风险明显低于新兴经济体。但美国的排名下降了 10 位。中美贸易摩擦、美国对部分中国企业的限制和打压都导致中美关系有所恶化。此外，特朗普政府的部分政策引起美国社会持续分裂，使得美国的社会弹性得分也有明显下降。对新兴经济体来说，经济基础和政治风险与发达国家差距仍然非常明显，政治局势的不确定性可能会影响经济复苏进程，进而影响直接投资的环境。尽管新兴经济体的投资风险整体高于发达经济体，但未来新兴经济体仍然是中国海外投资最具潜力的目的地，存在巨大的市场潜力以及基础设施建设的需求。

关键词： 海外投资；国家风险评级；指标体系；"一带一路"

Abstract: China's is the world's second - largest overseas investor. But the external risks facing Chinese firms in overseas investment saw a clear increase. This book quantitatively assesses the main risks facing Chinese enterprises investing abroad. The rating system designs five major indexes that comprise 41 sub - indexes. The five indexes include economic foundation, debt repayment capacity, social elasticity, political risk, and relations with China. On the whole, the developed countries have better economic foundations, lower political risks, better social elasticity and stronger debt repayment capacity; therefore, the overall risks of investing in those countries are obviously lower than in emerging - market economies. However, the U. S. drops 10 spots in the rankings. The China - US trade friction, as well as the policies of restriction and suppression to Chinese multinational corporations deteriorated the China - U. S. relationship. Likewise, some of the policies of the Trump administration which cause the deeper division in the American society also make the score of Social Elasticity go down obviously. For the emerging - market economies, their gap with the developed countries in terms of economic foundation and political risk remains huge; political instability may affect the process of economic recovery and in turn undermine the investment environment. Although the whole risks of the emerging – market economies are higher than that of the developed economies, the emerging – market economies are still the most potential destination for China's overseas investment, because there are huge markets potential and demand for infrastructure.

Key Words: Overseas Investment, Country-risk Rating, Index System, Belt and Road

目　录

2019 年中国海外投资国家风险评级主报告
CROIC – IWEP ……………………………………（1）
一　评级背景 ………………………………………（1）
二　各评级机构评级方法综述 ……………………（3）
　　（一）发布国家信用评级的机构简介 ………（3）
　　（二）评级对象 ………………………………（5）
　　（三）评级指标体系 …………………………（6）
　　（四）评级方法特点 …………………………（7）
三　CROIC – IWEP 国家风险评级方法 …………（10）
　　（一）指标选取 ………………………………（10）
　　（二）标准化、加权与分级 …………………（16）
　　（三）评级样本 ………………………………（19）
　　（四）本评级方法的特点 ……………………（22）
　　（五）未来规划 ………………………………（25）

四　CROIC–IWEP 国家风险评级结果
　　总体分析 ………………………………………（27）
　　（一）总体结果分析 ……………………………（27）
　　（二）分项指标分析 ……………………………（32）

五　CROIC–IWEP 国家风险评级主要排名变动
　　国家分析 ………………………………………（41）
　　（一）孟加拉国（↑12）…………………………（41）
　　（二）斯里兰卡（↑12）…………………………（42）
　　（三）赞比亚（↑9）……………………………（43）
　　（四）老挝（↑9）………………………………（44）
　　（五）墨西哥（↓13）……………………………（45）
　　（六）印度（↓13）………………………………（46）
　　（七）巴基斯坦（↓11）…………………………（47）
　　（八）乌兹别克斯坦（↓11）……………………（48）
　　（九）美国（↓10）………………………………（48）

2019 年中国海外投资国家风险评级报告

"一带一路"沿线国家风险评级子报告 …………（50）
CROIC – IWEP 国家风险评级原始指标 …………（62）

表 目 录

表1　GDP 总量 …………………………（62）

表2　人均 GDP …………………………（64）

表3　GDP 增速 …………………………（67）

表4　GDP 5 年波动系数 …………………（69）

表5　贸易开放度 …………………………（71）

表6　投资开放度 …………………………（73）

表7　Chinn–Ito 指数 ……………………（76）

表8　居民消费价格指数 …………………（78）

表9　失业率 ………………………………（80）

表10　基尼系数 …………………………（82）

表11　公共债务/GDP ……………………（84）

表12　外债/GDP …………………………（87）

表13　短期外债/总外债 …………………（89）

表14　财政余额/GDP ……………………（91）

表15　外债/外汇储备 ……………………（93）

表16　经常账户余额/GDP …………………………（96）

表17　贸易条件 ……………………………………（98）

表18　银行不良贷款/贷款总额 …………………（100）

表19　扮演国际储备货币的重要程度 ……………（102）

表20　内部冲突 ……………………………………（105）

表21　环境政策 ……………………………………（107）

表22　资本和人员流动的限制 ……………………（109）

表23　劳动力市场管制 ……………………………（111）

表24　商业管制 ……………………………………（113）

表25　平均受教育年限 ……………………………（116）

表26　社会安全（每十万人谋杀死亡人数）……………………………………（118）

表27　其他投资风险 ………………………………（120）

表28　执政时间（任期还剩几年）…………………（122）

表29　政府稳定性 …………………………………（125）

表30　军事干预政治 ………………………………（127）

表31　腐败 …………………………………………（129）

表32　民主问责 ……………………………………（131）

表33　政府有效性 …………………………………（134）

表34　法治 …………………………………………（136）

表35　外部冲突 ……………………………………（138）

表36　贸易依存度 …………………………………（140）

表37　投资依存度 …………………………………（143）

表 38　是否签订 BIT ………………………（145）

表 39　签证情况 ……………………………（147）

表 40　投资受阻程度 ………………………（149）

表 41　双边政治关系 ………………………（151）

2019年中国海外投资国家风险评级主报告 CROIC – IWEP

中国社科院世经政所国家风险评级课题组*

一 评级背景

2017年中国对外直接投资达到1582.9亿美元，位居全球第三，投资流量较上年下降了19.3%。这是自2003年中国商务部联合国家统计局、国家外汇管理局发布权威年度数据以来，中国对外直接投资流量首次出现负增长。但中国占全球对外直接投资流量仍超过了10%，为历史第二高位。2017年中国对外直接投资流量再次超过同期利用外资流量，连续三年成为直接投资项下资本净输出国。同时，2017年年底，中国对

---

* 课题组成员包括张明、王碧珺、王永中、张金杰、李国学、潘圆圆、韩冰、周学智、李曦晨、朱子阳和刘瑶。

外直接投资存量达到18090.4亿美元，排名比2016年前进4位，首次位居全球第2，仅次于美国。2017年也是中国对外并购十分活跃的一年，境外融资规模创历史之最。未来，随着中国经济的转型升级、中国企业海外竞争力的逐渐增强、"一带一路"倡议的稳步推进，中国也将释放出更多投资活力，与世界其他国家实现共赢。

但自2017年以来，中国的外部环境不确定性逐步增强，中国企业海外投资多次因东道国的政治、社会和经济风险因素而遭遇挫折。例如，中国华信能源投资纽约精品投行Cowen，由于未能及时取得CFIUS（美国外国投资委员会）批准而失败。蚂蚁金服收购美国汇款公司MoneyGram International的计划因未能满足CFIUS审查，在多次提交审查材料未果后宣告并购失败，并支付高额赔偿。泛海控股以27亿美元现金收购美国最大长期护理险公司Genworth Financial，但此项交易遭到CFIUS反对，虽然两家公司分别又重新向CFIUS提交了申请，但能否通过不容乐观。更令人担忧的是，2018年8月13日，特朗普总统签署通过《外国投资风险审查现代化法案》，这一法案可能导致中国企业对美投资的审查更为严格。因此，做好风险预警，进而准确识别风险，有效应对相应风险，是中国企业提高海外投资成功率的重要前提。

二 各评级机构评级方法综述

（一）发布国家信用评级的机构简介

国家信用评级可以追溯到第一次世界大战之前的美国。经过近一个世纪的发展，市场上形成了标准普尔（Standard & Poor）、穆迪（Moody's）和惠誉（Fitch）三家美国信用评级机构垄断的局面，占据全球90%以上的市场份额。

标准普尔是全球知名的独立信用评级机构，拥有150多年的历史并在全球23个国家和地区设有办事处。目前，标准普尔对126个国家和地区的主权信用进行了评级，并于每周更新各个国家和地区的主权信用评级。穆迪主要对参与国际资本市场的一百多个国家和地区进行评级，分支机构遍布全球29个国家和地区，员工总计约7000人。惠誉是唯一一家欧洲控股的评级机构，规模较以上两家稍小。如今，经历了数次并购和巨大增长之后，惠誉已成长为世界领先的国际信用评级机构，在全球设立了50家分支机构和合资公司，致力于为国际信用市场提供独立和前瞻性的评级观点、研究成果及数据报告。

与此同时，不同类型、各具特色的评级机构也实现了蓬勃发展，它们通过差异化竞争在市场上谋得了一席之地。其中比较出名的包括：经济学人信息社（EIU，Economist Intelligence Unit）、国际国别风险评级指南机构（ICRG，International Country Risk Guide）以及环球透视（GI，IHS Global Insight）。

EIU是"经济学人集团"下属独立单位，主要进行经济预测和咨询服务，覆盖全球120个国家和地区。EIU风险服务的目标客户是从事借款、贸易信贷以及其他商业活动而面临跨境信用风险或金融风险的机构。

ICRG自1980年起便开始定期发布国际国家风险指南。目前，该指南的国别风险分析覆盖了全球近140多个国家和地区，并以季度为基础进行数据更新并逐月发布。

GI于2001年成立，目前为3800多家客户提供详尽的国家风险分析，主要针对在海外开展营商活动的投资者。GI评级的覆盖范围超过200个国家和地区。作为一家付费咨询机构，分析的风险对象涵盖范围极广，包括国家的营商、主权信用乃至一国某个地区的运营风险。

由于评级体系的构建对方法的科学性、全面性和多样性有较高的要求，且评级数据的采集和处理较为复杂，目前评级市场仍然由发达国家的评级机构占主导地位，发展中国家的评级机构大多处于起步阶段。这其中包括了中国的大公国际资信评估公司。

大公国际资信评估公司（简称大公）于1994年成立，拥有自己的主权信用评级标准和方法，定期发布主权信用评级报告。到目前为止，大公已经发布了全球90个国家和地区的信用等级报告，评级对象主要来自亚洲、大洋洲和欧洲，其中具有AAA级的国家和地区有7个。

（二）评级对象

标准普尔、穆迪和惠誉三大评级机构从定性和定量的角度，对主权国家政府足额、准时偿还债务的能力和意愿进行综合性评估，针对的是主权债务的综合风险。大公国际和ICRG也遵循着类似的原则，对主权债务风险做出判断。在金融市场上，主权债务风险的具体表现往往是一国国债的违约概率、预期损失和回收率。

EIU评估的风险包括主权风险、货币风险和银行部门风险。ICRG的风险评级更具独特性，主要考察的是对外直接投资风险，其评级除考量金融市场因素外，还往往涉及和当地经营直接相关的因素，比如治安环境等。

中国社会科学院的中国海外投资国家风险评级体系（CROIC）综合考量了证券投资和直接投资的风险，这与目前中国海外投资形式的多样性紧密契合。

(三) 评级指标体系

尽管三大评级机构和大公、EIU、ICRG 和 GI 这七家评级机构的评级对象各有不同,但指标体系都可以大致分为经济、政治和社会三大模块。

在经济方面,一国的人均收入、国民生产总值等指标可以反映该国的经济基础。而一国的外债占进出口比重、财政收入赤字占 GDP 比重等指标可以反映该国的短期偿债能力。经济基础和短期偿债能力共同构成了一国的总体偿债实力。

在政治方面,各大机构都会对政治稳定性、参与度、治理有效性等指标做出考察。政治风险在本质上衡量的是一国的偿债意愿。即使一国财政实力充足,资源丰富,但由于政治动乱依然可能加大该国的偿债风险。

在社会方面,不同的评级机构有不同的处理方法。大部分机构注重考察社会的弹性程度,也就是社会应对危机的能力,这往往在种群和谐程度、法律健全程度等指标上有所反映。对于衡量直接投资风险的 GI 评级体系来说,社会弹性是尤其重要的指标模块。

中国海外投资国家风险评级体系(CROIC)综合了上述经济、政治和社会因素,并引入与中国关系这一指标模块,力求更为全面、综合,从而有针对性地衡量中国海外投资的风险。

（四）评级方法特点

在制度偏好方面，标准普尔、穆迪与惠誉三大评级机构和ICRG都将政治因素视为国家信用评级标准的核心，将政治自由化程度、民主政治观念和体制等作为评判一国政治好坏的标准，同时强调经济开放对于一国信用等级的正面作用。这在一定程度上忽略了各国的具体国情。大公在评级时特别突出了国家管理能力这一指标，力求避免完全以西方政治生态为标杆的评级模式。但由于缺乏一定的评判标准，如何对各国的治理水平进行客观公正的衡量成为摆在大公面前的一道难题。EIU在经济实力的评价上对发达国家、发展中国家和欧元区国家做出了区分，采用不同的评级标准，对制度偏好的问题有所改善。GI则更加强调制度的实际效果，而且由于政治制度所占的权重相对较小，在制度偏好上较为中立。

在客观程度方面，由于客观的定量因素不能完全衡量一国的国家风险，因此定性指标是必需的。这对于无法定量衡量的政治与社会风险来说尤其重要。所有7个评级机构都采取了定性与定量相结合的评级方法，其中定性指标的量化通常采用专家打分的方式，并且最终的评级结果也都由评级委员会通过主观调整后给出。这不可避免地会引入分析师的主观判断因素。此外，几乎所有的评级机构都是盈利性机构，向客户收取的评级费用和年费是其主要收入来源。而被评级对象为了获得高级别，也会甘愿支付高额评级费用。因此，双方利益的驱动或对评级的独立客观性造成影响。

在指标体系的全面性上，三大评级机构的指标体系都涵盖了政治、经济和外部风险。但从反映各大因素的每一个细项指标来看，惠誉的指标体系要比标准普尔和穆迪更加具体。大公特别突出了政府治理水平和金融水平两大因素对于主权风险的影响作用。为了摒弃三大评级机构的制度偏好，大公将国家治理水平列为一个独立因素进行分析。此外，它还将金融因素从经济因素中抽离出来进行更细致的评估。

EIU 和 GI 的指标体系也较为全面。其中，EIU 包含有 60 个细分指标，涵盖面较广。比如在融资和流动性模块下，EIU 包括银行业不良贷款比率、OECD 国家短期利率、银行业信贷管理能力等细致指标，这对银行部门的风险衡量十分有效。GI 的指标体系也涵盖到了直接投资和商业运营的大多数方面。相比之下，ICRG 的评级体系中政治类指标占了大多数，而经济和金融风险的指标相对较少，只选取了比较有代表性的几个指标。这样的评级方法过于偏重政治风险。

在前瞻性方面，几大评级机构都不能预测货币和银行危机，而只能在事后进行调整。这主要是因为评级机构在评估时过度依赖于历史数据，缺乏对一国的长期发展趋势的判断，使得评级效果大打折扣。但机构对未来进行预测时又不可避免会引入主观评判。因此，如何更快地更新数据，对未来进行科学预测，是所有评级机构都面临的挑战。

在透明度方面，一个完整的信用评价体系应当包括评估对象、指标体系、打分方法、权重设定和评级结果共五点，而几乎所有的评级机构仅对外公布评级结果和一部分评级方法，所有的指标数据和最终得分并不公开，因此透明度还有待提高。这也与机构的商业性质和数据的核心机密性有关。

在是否适合中国国情方面，大部分评级机构没有对此进行单独考虑。我国对外投资活动日益频繁，而且出现了独特的国别特征。例如，我国对外间接投资和直接投资并举，在发达市场上以国债投资和直接投资为主，在新兴市场上以直接投资为主。因此，在衡量国别风险时，值得对这些因素进行细致考察。此外，在当今国际局势不断变化的环境下，随着中国国家力量的上升，不同国家与中国外交关系的远近，甚至民间交往的深度和广度，都会对以中国为主体的投资行为有所影响。中国海外投资国家风险评级体系（CRO-

IC）对此有单独考量，在一定程度上弥补了传统评级机构方法的不足。

三　CROIC-IWEP 国家风险评级方法

（一）指标选取

为了全面和量化评估中国企业海外投资面临的主要风险，本评级体系纳入经济基础、偿债能力、社会弹性、政治风险、对华关系五大指标，共 41 个子指标。

1. 经济基础

经济基础指标提供了一个国家投资环境的长期基础，较好的经济基础是中国企业海外投资收益水平和安全性的根本保障。

经济基础指标包含 10 个子指标（见表 1），其中：GDP、人均 GDP、基尼系数衡量了一国的经济规模和发展水平；经济增长率、通货膨胀率和失业率衡量了一国的经济绩效；GDP 增速的波动系数衡量了一国经济增长的稳定性；本体系还从贸易、投资、资本账户三个方面衡量了一国的开放度。

其中 GDP 总量、人均 GDP、通货膨胀和失业率采用了来自国际货币基金组织 WEO 数据库的经济预测值，WEO 数据包含 2018 年预测值，比 WDI 数据（截止2017）更具有时效性，而WEO中数据缺失的部分，采用CEIC的实际值补充。

表1　　　　　　　　　　经济基础指标

经济基础指标	指标说明	数据来源
1. 市场规模	GDP总量	WEO，CEIC
2. 发展水平	人均GDP	WEO，CEIC
3. 经济增速	GDP增速	WDI，CEIC
4. 经济波动性	GDP增速的波动性（5年波动系数）	WDI，CEIC
5. 贸易开放度	（进口+出口）/GDP	WDI，CEIC
6. 投资开放度	（外商直接投资+对外直接投资）/GDP	UNCTAD
7. 资本账户开放度	Chin-Ito指数（反映资本账户管制能力）	Bloomberg
8. 通货膨胀	居民消费价格指数（CPI）	WEO，CEIC
9. 失业率	失业人口占劳动人口的比率	WEO，CEIC
10. 收入分配	基尼系数	CEIC，WDI等

注：WEO为国际货币基金组织World Economic Outlook Databases，CEIC为香港环亚经济数据有限公司数据库，WDI为世界银行World Development Indicators，UNCTAD是联合国贸易与发展会议，彭博Bloomberg是全球领先的金融数据供应商。

2. 偿债能力

偿债能力指标衡量了一国公共部门和私人部门的债务动态和偿债能力。如果一国爆发债务危机，包括直接投资和财务投资在内的各种类型的投资安全都会受到影响。

偿债能力指标包含9个子指标（见表2），其中：公共债务占GDP比重和银行业不良资产比重主要用于衡量一国国内公共部门和私人部门的债务水平；外债占 GDP 比重和短期外债占总外债比重衡量了一国的外债规模和短期内爆发偿债危机的风险；财政余额占 GDP 比重衡量了一国的财政实力、外债占外汇储备比重衡量了一国的外汇充裕度、再加上经常账户余额占 GDP 比重以及贸易条件，共同反映了一国的偿债能力。

表2　　　　　　　　偿债能力指标

偿债能力指标	指标说明	数据来源
1. 公共债务/GDP	公共债务指各级政府总债务	WEO
2. 外债/GDP	外债指年末外债余额	WDI, QEDS
3. 短期外债/总外债	短期外债指期限在一年或一年以下的债务	WDI, QEDS
4. 财政余额/GDP	财政余额等于财政收入－财政支出	WEO
5. 外债/外汇储备	外债指的是年末外债余额	WDI
6. 经常账户余额/GDP	经常账户余额为货物和服务出口净额、收入净额与经常转移净额之和	WEO
7. 贸易条件	出口价格指数/进口价格指数	WDI
8. 银行业不良资产比重	银行不良贷款占总贷款余额的比重	WDI
9. 是否为储备货币发行国	扮演国际储备货币角色的程度	德尔菲法

注：WEO 为国际货币基金组织 World Economic Outlook Databases，WDI 为世界银行 World Development Indicators，QEDS 为国际货币基金组织和世界银行 Quarterly External Debt Statistics。

3. 社会弹性

社会弹性指标反映了影响中国企业海外投资的社会风险因素，良好的社会运行秩序能确保企业有序的经营。

社会弹性指标包含8个子指标（见表3），其中：教育水平衡量了一个国家基本的劳动力素质；社会、种族、宗教冲突的严重性以及犯罪率衡量了一国的内部冲突程度和社会安全；环境政策、资本和人员流动限制、劳动力市场管制和商业管制反映了一国的经商环境。劳动力素质越高、内部冲突程度越低、社会安全和经商环境越好，企业投资的风险越小。

表3　　社会弹性指标

社会弹性指标	指标说明	数据来源
1. 内部冲突	社会、种族、宗教冲突严重性，1—10分，分数越高，内部冲突程度越低	BTI
2. 环境政策	对环境议题的重视，1—10分，分数越高，环境政策越宽松	BTI
3. 资本和人员流动的限制	对资本和人员流动的限制，0—10分，分数越高，资本和人员流动越自由	EFW
4. 劳动力市场管制	劳动力市场管制包括雇佣和解雇规定，最低工资和工作时间规定等，0—10分，分数越高，劳动力市场管制越低	EFW
5. 商业管制	行政和官僚成本，开业难易，营业执照限制等，0—10分，分数越高，商业管制越低	EFW
6. 教育水平	平均受教育年限	UNESCO
7. 社会安全	每年每十万人中因谋杀死亡的人数	UNODC
8. 其他投资风险	包括没有被其他政治、经济、金融风险要素所覆盖的投资风险，0—12分，分数越高，其他投资风险越大	ICRG

注：BTI 为 Transformation Index of the Bertelsmann Stiftung，EFW 为 Fraser Institute 的 Economic Freedom of the World 年度报告，ICRG 为 PRS 集团 International Country Risk Guide，UNESCO 为联合国教科文组织，UNODC 为联合国毒品和犯罪问题办公室。

4. 政治风险

政治风险指标考察的是一国政府的稳定性和质量，以及法律环境和外部冲突，较低的政治风险是企业安全投资的先决条件之一。

政治风险指标包含8个子指标（见表4），其中：任期还剩多少年、政府执行所宣布政策的能力以及保持政权的能力、军事干预政治3个子指标反映了一国政府的稳定性；政治体系的腐败程度、政府对民众诉求的回应、公共服务和行政部门的质量反映了一国政府的治理质量；法制水平是契约和产权保护的重要保证。一国政府的稳定性和治理质量越高、法制环境越健全、外部冲突越小，中国企业在其投资的风险越低。

表4　　　　　　　　　　政治风险指标

政治风险指标	指标说明	数据来源
1. 执政时间	剩余任期年限	DPI
2. 政府稳定性	政府执行所宣布政策的能力以及保持政权的能力，0—12分，分数越高，政府越不稳定	ICRG
3. 军事干预政治	军队部门对一国政府的参与程度，0—6分，分数越高，军事干预政治越严重	ICRG
4. 腐败	政治体系的腐败程度，0—6分，分数越高，越腐败	ICRG
5. 民主问责	政府对民众诉求的回应，0—6分，分数越高，民主问责越弱	ICRG
6. 政府有效性	公共服务的质量、行政部门的质量及其独立于政治压力程度、政策形成和执行质量，-2.5—2.5，分数越高，政府有效性越强	WGI

续表

政治风险指标	指标说明	数据来源
7. 法制	履约质量，产权保护，-2.5—2.5，分数越高，法制程度越高	WGI
8. 外部冲突	来自国外的行为对在位政府带来的风险。国外的行为包括非暴力的外部压力例如外交压力、中止援助、贸易限制、领土纠纷、制裁等，也包括暴力的外部压力例如跨境冲突，甚至全面战争，0—12分，分数越高，外部冲突越严重	ICRG

注：DPI 为世界银行 Database of Political Institutions，ICRG 为 PRS 集团 International-al Country Risk Guide，WGI 为世界银行 Worldwide Governance Indicators。

5. 对华关系

对华关系指标衡量了影响中国企业在当地投资风险的重要双边投资政策、投资情绪和政治关系，较好的对华关系是降低投资风险的重要缓冲。

表5　　　　　　　　　　　对华关系指标

对华关系指标	指标说明	数据来源
1. 是否签订 BIT	1 表示已签订且生效；0.5 表示已签订未生效；0 表示未签订	中国商务部
2. 投资受阻程度	分数越高，投资受阻越小	德尔菲法
3. 双边政治关系	分数越高，双边政治关系越好	德尔菲法
4. 贸易依存度	分数越高，对方对中国贸易依存度越高	CEIC，WDI
5. 投资依存度	分数越高，对方对中国直接投资依存度越高	CEIC，WDI
6. 免签情况	分数越高，对方对中国公民的签证便利度越高	中国商务部

注：BIT 为双边投资协定；德尔菲法又名专家意见法或专家函询调查法，采用背对背的通信方式征询专家小组成员的意见。

对华关系指标包含6个子指标。第一个子指标是两国是否签订了投资协定（BIT）以及该协定是否已经生效。如果中国与该国签署了BIT，将有助于降低中国企业在当地的投资风险。第二个和第三个子指标采用德尔菲法进行的专家打分，分别衡量了投资受阻程度和双边政治关系[①]，较低的投资受阻和较好的双边政治关系，有助于降低中国企业在当地进行投资的风险。

贸易依存度、投资依存度和免签情况这三个指标为2015年起新增指标。其中，贸易（投资）依存度衡量了中国和一国之间的双边贸易（投资）占该国贸易（投资）的比重。免签情况则衡量了对方对中国公民发放签证的便利程度。

（二）标准化、加权与分级

在选取指标并获得原始数据后，本评级体系对于定量指标（经济基础和偿债能力）采取标准化的处理方法，而对定性指标（政治风险、社会弹性以及对华关系）的处理有两种方式，即运用其他机构的量化结果或者由评审委员打分，再进行标准化。

[①] 课题组感谢中国人民大学的李巍，中国社科院日本研究所的张勇，中国社科院世经政所的冯维江、郎平、刘玮、李东燕、任琳、邵峰、徐进、徐秀军、薛力、袁正清、杨原等各位专家对本部报告的支持和贡献。

本评级体系采用0—1标准化，也叫离差标准化，将原始数据进行线性变换，使结果落到[0，1]区间，分数越高表示风险越低。转换函数如下：

$$x^* = 1 - |\frac{x - x_{适宜值}}{max - min}|$$

其中，x^*为将x进行标准化后的值，x适宜值为对应风险最低的指标值，max为样本数据的最大值，min为样本数据的最小值。

对定量指标进行标准化并转化为风险点得分的关键在于找到适宜值x适宜值。在样本范围内，数值与适宜值越近，得分越高。

适宜值的判断方法有两类：一类是设定绝对适宜值，也就是适宜值的大小与样本国家的选择无关。例如，本评级体系将CPI指标的适宜值设定为2%，失业率的适宜值设定为5%。第二类是在样本中找到相对适宜值。例如，本体系将GDP的适宜值设定为该样本中GDP的最大值，将GDP增速的波动性的适宜值设定为该样本中GDP增速的波动的最小值。此外，由于某些指标对于发达国家和发展中国家不应选用相同的适宜值，本评级体系也进行了区分。例如，偿债能力指标中子指标公共债务/GDP与外债/GDP既反映了债务规模，也反映了举债能力。对于这两个子指标，本评级体系区分为发达国家和发展中国家两组，每一组的最低值为各组的适宜值。

以上标准化过程中，本报告遵循四大原则：第一，标准化必须合乎逻辑；第二，标准化必须要考虑异常值的处理；第三，标准化必须客观，尽量减少主观判断；第四，标准化后的得分需具有区分度。

在对经济基础、偿债能力、政治风险、社会弹性和对华关系五大指标下的细项指标分别标准化后，加权平均得到这五大风险要素的得分，区间为0—1。分数越高表示风险越低。然后，我们对五大要素加权平均，由于五大指标都是中国企业海外投资风险评级的重要考量点，我们采用相同的权重，均为0.2（见表6）。最后，我们将得到的分数转化为相应的级别。本评级体系按照国家风险从低到高进行9级分类：AAA、AA、A、BBB、BB、B、CCC、CC与C。其中AAA和AA为低风险级别，A与BBB为中等风险级别，BB及以下为高风险级别。

表6　　　　　　　　国家风险评级指标权重

指标	权重
经济基础	0.20
偿债能力	0.20
政治风险	0.20
社会弹性	0.20
对华关系	0.20

(三）评级样本

本评级体系今年共纳入 57 个国家进入评级样本，分别是：阿联酋、埃及、巴基斯坦、白俄罗斯、保加利亚、波兰、俄罗斯、菲律宾、哈萨克斯坦、吉尔吉斯斯坦、柬埔寨、捷克、老挝、罗马尼亚、马来西亚、蒙古、孟加拉国、缅甸、沙特阿拉伯、斯里兰卡、塔吉克斯坦、泰国、土耳其、土库曼斯坦、乌克兰、乌兹别克斯坦、希腊、新加坡、匈牙利、伊拉克、伊朗、以色列、印度、印度尼西亚、越南、阿根廷、埃塞俄比亚、安哥拉、澳大利亚、巴西、德国、法国、韩国、荷兰、加拿大、肯尼亚、美国、墨西哥、南非、尼日利亚、日本、苏丹、委内瑞拉、新西兰、意大利、英国、赞比亚（见表7）。

表7　　　　　　　　国家风险评级样本

	国家	所在洲	2017年中国对其投资存量（亿美元）		国家	所在洲	2017年中国对其投资存量（亿美元）
1	阿根廷	美	15.40	8	巴西	美	32.06
2	阿联酋	亚太	53.73	9	白俄罗斯	欧	5.48
3	埃及	非	8.35	10	保加利亚	欧	2.50
4	埃塞俄比亚	非	19.76	11	波兰	欧	4.06
5	安哥拉	非	22.60	12	德国	欧	121.63
6	澳大利亚	亚太	361.75	13	俄罗斯	欧	138.72
7	巴基斯坦	亚太	57.16	14	法国	欧	57.03

续表

	国家	所在洲	2017年中国对其投资存量（亿美元）		国家	所在洲	2017年中国对其投资存量（亿美元）
15	菲律宾	亚太	8.20	37	苏丹	非	12.02
16	哈萨克斯坦	亚太	75.61	38	塔吉克斯坦	亚太	16.16
17	韩国	亚太	59.83	39	泰国	亚太	53.58
18	荷兰	欧	185.29	40	土耳其	亚太	13.01
19	吉尔吉斯斯坦	亚太	12.99	41	土库曼斯坦	亚太	3.43
20	加拿大	美	109.37	42	委内瑞拉	美	32.07
21	柬埔寨	亚太	54.49	43	乌克兰	欧	0.63
22	捷克	欧	1.65	44	乌兹别克斯坦	亚太	9.46
23	肯尼亚	非	15.43	45	希腊	欧	1.82
24	老挝	亚太	66.55	46	新加坡	亚太	445.68
25	罗马尼亚	欧	3.10	47	新西兰	亚太	24.92
26	马来西亚	亚太	49.15	48	匈牙利	欧	3.28
27	美国	美	673.86	49	伊拉克	亚太	4.14
28	蒙古	亚太	36.23	50	伊朗	亚太	36.24
29	孟加拉国	亚太	3.29	51	以色列	亚太	41.49
30	缅甸	亚太	55.25	52	意大利	欧	19.04
31	墨西哥	美	8.98	53	印度	亚太	47.47
32	南非	非	74.73	54	印度尼西亚	亚太	105.39
33	尼日利亚	非	28.62	55	英国	欧	203.19
34	日本	亚太	31.97	56	越南	亚太	49.65
35	沙特阿拉伯	亚太	20.38	57	赞比亚	非	29.63
36	斯里兰卡	亚太	7.28				

截至2017年年底，中国对外直接投资分布在全球190个国家（地区），本评级体系选用以上57个国家作为本次评级样本，主要是基于以下三个标准。

1. 主要涉及的是真实的投资活动。中国在当地进行的主要是真实的投资活动（生产、研发、雇佣、经营等），而不是以该地为投资中转地或者避税等资金运作中心。香港就是中国对外直接投资的重要中转地之一。2017年，57.6%的中国对外直接投资首先流向了中国香港，与2016年相比略有下降，但是仍然远超其他地区。不排除其中有一部分以中国香港为平台，最终流向其他地方。中国对避税港地区的投资以商务服务业为主。因此，本次评级暂不纳入中国香港、开曼群岛、英属维尔京群岛、卢森堡等国际自由港。

2. 重点选择G20国家以及中国海外投资额较大的其他国家。这57个评级样本国家全面覆盖了北美洲、大洋洲、非洲、拉丁美洲、欧洲和亚洲，在当地的投资额较大，占到2017年中国全部对外直接投资流量和存量的86.4%和83.9%[①]，因此具有广泛的代表性。

3. 满足主要指标数据，尤其是定量指标（经济基础和偿债能力）的可得性。本评级体系运用经济基础、偿债能力、政治风险、社会弹性和对华关系五大指标作为国家风险评级的依据，因此数据的完备性和可得性十分重要。例如，利比亚和几内亚虽满足前两个条件，即中国在这两个国家的投资额较大且主要涉及的

---

① 不包括香港、英属维尔京群岛、开曼群岛、卢森堡和百慕大群岛这些主要的投资中转地以及避税等资金运作中心。

是真实的投资活动，但由于缺乏大量支持数据，主要是经济基础和偿债能力数据，因此本次评级样本没有纳入利比亚和几内亚。

（四）本评级方法的特点

1. 中国企业海外投资视角

本报告国家风险评级体系从中国企业和主权财富的海外投资视角出发，构建经济基础、偿债能力、社会弹性、政治风险和对华关系五大指标共41个子指标，全面地量化评估了中国企业海外投资所面临的战争风险、国有化风险、政党更迭风险、缺乏政府间协议保障风险、金融风险以及东道国安全审查等主要风险。本评级体系通过提供风险警示，为企业降低海外投资风险、提高海外投资成功率提供参考。

2. 重点关注直接投资，同时兼顾主权债投资

现有主要评级机构的国家风险评级体系衡量的是投资者所面临的针对某一个国家的金融敞口风险，其中核心关注点是主权债，即从定性和定量的角度，对主权国家政府足额、准时偿还商业债务的能力和意愿进行综合性评估。本评级体系在兼顾主权债投资所面临的国家风险的同时，重点关注的是中国企业海外直接投资面临的风险。目前，中国已经是全球第二大对外直接投资国，并且随着国内转型升级和企业竞争力

的提高，中国对外直接投资将会持续高速增长。传统上主要对主权债投资风险的关注已经无法满足当下中国企业的实际需求，因此，本报告国家风险评级体系重点关注直接投资所面临的风险要素，纳入的指标涵盖环境政策、资本和人员流动的限制、劳动力市场管制、商业管制、是否签订BIT、贸易依存度、投资依存度、免签情况以及直接投资受阻程度等。

3. 五大指标体系综合全面覆盖经济、社会、政治、偿债能力和对华关系

影响一国投资风险的因素很多，并且它们之间的关系错综复杂，不存在一个定量模型将全部因素包括进去。在进行国家风险评级时，本评级方法将定性和定量指标相结合，综合全面覆盖了经济基础、偿债能力、社会弹性、政治风险和对华关系五大指标体系。在传统由经济和金融指标构成的定量评估的基础上，增加了社会弹性、政治风险和对华关系等定性评估指标，且定性分析指标占到本评级体系指标总量的一半以上。本评级体系对这五大指标体系进行了深入研究，明确了各部分的核心指标，并根据各国国情的不同，对核心指标的评价方法给予区别对待，同时密切关注指标之间、要素之间的内在联系，从而形成了一个逻辑清晰、框架严谨、指标优化、论证科学的方法体系。

4. 特色指标：对华关系

中国需要创建适合自身国情需要的国家风险评级体

系。本评级体系一个重要的特色指标是对华关系，与包含双方是否签订 BIT、投资受阻程度、双边政治关系、贸易和投资依存度以及免签情况等六个子指标，良好的对华关系是降低中国海外投资风险的重要缓释器。对华关系这一指标既是本评级体系区别于其他国家风险评级的特色指标。同时，也是为评估中国海外直接投资所面临的主要风险量身打造。以投资受阻程度这一子指标为例，中国企业在海外投资频频遭遇阻力。斯里兰卡重新评估中国援建港口项目、中澳铁矿百亿减值、墨西哥高铁项目被无限期搁置等成为投资受阻和失败的典型案例。投资受阻显著增加了中国企业的投资风险，因此成为本评级体系的重要考量指标之一。

5. 依托智库，将客观独立作为国家风险评级的基本立场

本评级体系依托中国社会科学院世界经济与政治研究所这一中国领先、国际知名的智库。本研究所的主要研究领域包括全球宏观、国际金融、国际贸易、国际投资、全球治理、产业经济学、国际政治理论、国际战略、国际政治经济学等，有将近 100 位专业研究人员。在美国宾夕法尼亚大学 2017 年全球智库排名榜[①]上，世界经济与政治研究所在全球国际经济学智库

---

① 资料来源：《2017 Global Go To Think Tank Index Report》，https://repository.upenn.edu/think_tanks/13。

中排名第13，在国内经济政策类排名全球第43。

发布国家风险评级的团队是国际投资研究室。本室的主要研究领域包括跨境直接投资、跨境间接投资、外汇储备投资、国家风险、国际收支平衡表与国际投资头寸表等。团队成员为姚枝仲、张明、王永中、王碧珺、张金杰、李国学、潘圆圆、韩冰、周学智、陈胤默、李曦晨、朱子阳和刘瑶；此外，课题组感谢中国人民大学的李巍，中国社科院日本研究所的张勇，中国社科院世经政所的冯维江、郎平、刘玮、李东燕、任琳、邵峰、徐进、徐秀军、薛力、袁正清、杨原等各位专家对本部报告的支持和贡献。研究室定期发布国际投资研究系列（International Investment Studies），主要产品包括：中国对外投资报告、国家风险评级报告、工作论文与财经评论等。

中国社会科学院世界经济与政治研究所将客观独立作为国家风险评级的基本立场。客观独立是本着对国家风险关系所涉及的各方利益同等负责的态度，采取公正的、客观的立场制定国家风险评级标准，反对通过信用评级进行利益输送。

（五）未来规划

每年发布一次。这是本评级体系建成后第六次发布国家风险评级结果。我们将不断改进评级体系，并计划未来每年都发布一次国家风险评级,提供若干风险变化之警示。

增加评级国家样本。本次评级是第六次评级,本报告选取了57个国家作为评级样本。如上所述,本报告的样本选择遵循三个基本原则:一是主要涉及的是真实的投资活动;二是在地理分布上具有广泛的覆盖性,在当地的投资额较大;三是满足主要指标数据,尤其是定量指标(经济基础和偿债能力)的可得性。这一样本覆盖了中国对外直接投资存量的83.9%[①]。未来,本报告在遵循以上三个样本选择基本原则的基础上将纳入更多的国家(地区)进入评级体系,以全面服务于走向世界各个角落的中国企业的海外投资需求。

改进评级体系。虽然有强大的研究团队和智库支持,本评级体系仍然有较大改进空间。未来在指标选择、权重设定、方法构建上,本评级体系都将根据国内外不断变化的形势、中国企业不断演进的海外投资模式以及不断出现新的投资风险进行相应改进。

深化学术和政策研究。未来,本报告将基于本评级体系深入学术和政策性研究,分析中国企业海外投资所面临的国家风险的决定因素、影响途径以

---

① 不包括香港、英属维尔京群岛、开曼群岛、卢森堡和百慕大群岛这些主要的投资中转地以及避税等资金运作中心。

及化解方法。

四 CROIC-IWEP国家风险评级结果总体分析

本次评级对57个国家进行了评级，包括德国、美国等16个发达经济体；阿联酋、俄罗斯等41个新兴经济体。从区域分布来看，美洲涉及6个国家，欧洲涉及15个国家，非洲涉及8个国家，亚太涉及28个国家。

评级结果共分为九级，由高至低分别为AAA、AA、A、BBB、BB、B、CCC、CC、C。其中AAA-AA为低风险级别，包括9个国家；A-BBB为中等风险级别，包括34个国家；BB-B为高风险级别，包括14个国家。从中可以看出，评级结果呈正态分布，反映出合理的风险分布区间。

（一）总体结果分析

从总的评级结果来看（见表8），发达国家评级结果普遍高于新兴经济体，海外投资风险较低。在排名前16的国家之中，除了阿联酋和波兰之外，都是发达经济体；而41个新兴经济体中排名最高的阿联酋是第13名。

与2018年的评级结果相比，除德国、荷兰、阿联酋等6个国家的相对排名不变外，其余国家的相对排名均发生了变化。其中，澳大利亚、韩国等28个国家的相对排名比2018年有所上升，上升名次超过8位的4个国家分别是孟加拉国、斯里兰卡、老挝和赞比亚，分别上升了12、12、9和9个名次，其中孟加拉和赞比亚的评级结果从BB上升为BBB；而新西兰和加拿大等23个国家的相对排名比2018年有所下降，下降名次大于等于10位的国家分别是印度、墨西哥、乌兹别克斯坦、巴基斯坦和美国，分别下降了13、13、11、11和10个名次，其中美国的评级结果从AA下降为A，印度、乌兹别克斯坦的评级从BBB下降到BB。

表8　　　　　　　　　　总体评级结果

排名	国家	风险评级	排名变化	上年级别	排名	国家	风险评级	排名变化	上年级别
1	德国（欧）	AAA	-	AAA	11	以色列（亚太）	A	↑	A
2	澳大利亚（亚太）	AA	↑	AA	12	匈牙利（欧）	A	↑	A
3	新西兰（亚太）	AA	↓	AA	13	阿联酋（亚太）	A	-	A
4	韩国（亚太）	AA	↑	AA	14	美国（美）	A	↓	AA
5	新加坡（亚太）	AA	↑	AA	15	波兰（欧）	A	↑	A
6	荷兰（欧）	AA	-	AA	16	意大利（欧）	A	↓	A
7	英国（欧）	AA	↑	A	17	罗马尼亚（欧）	A	↑	A
8	加拿大（美）	AA	↓	AA	18	俄罗斯（欧）	A	↑	BBB
9	日本（亚太）	AA	↑	A	19	沙特阿拉伯（亚太）	A	↑	BBB
10	法国（欧）	A	↓	AA	20	保加利亚（欧）	BBB	-	BBB

续表

排名	国家	风险评级	排名变化	上年级别	排名	国家	风险评级	排名变化	上年级别
21	捷克（欧）	BBB	↓	A	40	墨西哥（美）	BBB	↓	BBB
22	老挝（亚太）	BBB	↑	BBB	41	巴基斯坦（亚太）	BBB	↓	BBB
23	马来西亚（亚太）	BBB	↓	A	42	蒙古（亚太）	BBB	↑	BB
24	哈萨克斯坦（亚太）	BBB	↓	BBB	43	肯尼亚（非）	BBB	↑	BB
25	斯里兰卡（亚太）	BBB	↑	BBB	44	乌兹别克斯坦（亚太）	BB	↓	BBB
26	菲律宾（亚太）	BBB	↓	BBB	45	白俄罗斯（欧）	BB	↑	BB
27	泰国（亚太）	BBB	↓	BBB	46	阿根廷（美）	BB	↑	BB
28	土库曼斯坦（亚太）	BBB	↓	BBB	47	印度（亚太）	BB	↓	BBB
29	希腊（欧）	BBB	↑	BBB	48	埃塞俄比亚（非）	BB	↓	BBB
30	柬埔寨（亚太）	BBB	↓	BBB	49	巴西（美）	BB	↑	BB
31	塔吉克斯坦（亚太）	BBB	↑	BBB	50	吉尔吉斯斯坦(亚太)	BB	↑	BB
32	缅甸（亚太）	BBB	↑	BBB	51	伊朗（亚太）	BB	↓	BBB
33	孟加拉国（亚太）	BBB	↑	BB	52	埃及（非）	BB	↑	BB
34	印度尼西亚（亚太）	BBB	↓	BBB	53	乌克兰（欧）	BB	↓	BB
35	赞比亚（非）	BBB	↑	BB	54	安哥拉（非）	BB	↑	B
36	土耳其（欧）	BBB	↓	BBB	55	苏丹（非）	B	↓	BB
37	越南（亚太）	BBB	↑	BBB	56	委内瑞拉（美）	B	↓	B
38	南非（非）	BBB	–	BBB	57	伊拉克（亚太）	B	↓	B
39	尼日利亚（非）	BBB	↑	BB					

注：– 表示与2018年相比，相对排名没有变化的国家；↑表示与2018年相比，相对排名上升的国家；↓表示与2018年相比，相对排名下降的国家。

与2018年相比，发达经济体中相对排名上升的国家有8个，相对排名下降的国家有6个，相对排名不变的国家有2个。其中,美国的投资风险上升最大,意大利和捷克的投资风险也有所上升;在新兴经济体中,相对排名上升的国家有20个,相对排名下降的国家有17个,相对排名不变的国家有4个。其中,印度、墨西哥、乌兹别克斯坦和巴基斯坦的投资风险增长较快,需要引起警惕。金砖国家中印度下降了13名,俄罗斯和巴西分别上升了6名和2名,南非不变。

发达经济体的投资风险低于新兴经济体,但二者差距相比2018年有所缩小。根据IMF的预计,2018—2019年全球经济增长将保持在2017年的水平,预期的全球增长率水平为3.7%。但是2018年以来,全球经济的下行风险上升,发达经济体的增长趋势开始分化。目前来看,自2016年中期以来的全球经济复苏仍在继续,发达经济体表现良好。但是随着发达经济体货币政策的正常化,未来其经济增速会逐渐下降至潜在经济增长率水平。劳动人口增长率放缓和预期生产率增长乏力,将会是发达经济体中长期增长率下降的主要驱动因素。IMF预期2019年美国经济增长动力在扩张财政政策的刺激下将依旧强劲,但中美贸易摩擦会是一个强烈的不稳定因素,不论是对双方的经济增长,还是投资贸易合作都会产生负面影响。而2020年后美国财政政策刺激放缓,货币政策紧缩预期达到顶峰,彼时美国经济很可能将面临衰退。欧洲经济同样面临挑战:2018年上半年欧元区和英国经济增长乏力;

同时"英国脱欧"问题悬而未决也给欧洲经济带来不确定性风险。

值得注意的是,发达经济体的对华关系得分低于新兴经济体,并进一步下降。尤其是美国,由于其挑起了中美贸易摩擦,指责并进一步限制了中国对美直接投资,中国对美投资受阻程度和双边政治关系评分大幅下降,均为样本国家中的最低分。2017年中国对美国直接投资流量为64.25亿美元,同比下降了62.2%。

对新兴经济体来说,虽然除对华关系之外的风险指标和发达国家的差距依然较大,但是各项指标均略有上升。随着发达经济体货币政策正常化,新兴经济体尤其是本身脆弱性较大的国家可能会面临较大的汇率风险和资本外流风险。在IMF对2018—2019年新兴经济体的经济预测中,一方面由于油价上涨,提升了能源出口国的增长前景;另一方面,由于一些新兴市场国家金融环境趋紧、地缘政治冲突、进口石油费用上升等风险存在,IMF调低了阿根廷、伊朗、巴西和土耳其等国的经济预期。虽然整体风险较高,但是新兴经济体一直以来都是中国对外直接投资的主要目的地。截至2017年,中国对新兴经济体直接投资存量占对外投资总存量的85.8%。其中"一带一路"地区已经成为中国对外直接投资新的增长点,2018年1—10月,我国企业在55个"一带一路"沿线国家进行非金融类直接投资119亿美元,同比增长6.4%,占同期总额的13.3%,主要投向新加坡、老挝、巴基斯坦、马来西亚、印度尼西亚、越南、柬埔寨和泰国等国家。

(二) 分项指标分析

1. 经济基础

经济基础方面,与2018年相同,本报告主要关注10个指标。通过分析具体指标发现,发达国家经济基础发展普遍好于新兴经济体,占据排名前13位的均为发达经济体。

表9　　　　　经济基础评级结果

排名	国家	排名变化	排名	国家	排名变化	排名	国家	排名变化
1	美国	-	14	罗马尼亚	-	27	沙特阿拉伯	↓
2	澳大利亚	-	15	捷克	-	28	老挝	↑
3	德国	↑	16	匈牙利	↑	29	孟加拉国	-
4	英国	↑	17	菲律宾	-	30	阿联酋	↓
5	法国	↓	18	波兰	↑	31	哈萨克斯坦	↑
6	加拿大	↑	19	印度尼西亚	-	32	塔吉克斯坦	-
7	日本	↓	20	赞比亚	↑	33	马来西亚	-
8	韩国	-	21	希腊	↑	34	土耳其	-
9	新西兰	↓	22	保加利亚	↓	35	巴基斯坦	↓
10	新加坡	-	23	俄罗斯	-	36	埃塞俄比亚	↓
11	以色列	↓	24	墨西哥	↓	37	斯里兰卡	-
12	荷兰	↑	25	印度	↓	38	柬埔寨	↑
13	意大利	↓	26	肯尼亚	-	39	缅甸	↓

续表

排名	国家	排名变化	排名	国家	排名变化	排名	国家	排名变化
40	吉尔吉斯斯坦	↑	46	乌兹别克斯坦	↓	52	阿根廷	↑
41	土库曼斯坦	↑	47	白俄罗斯	↑	53	苏丹	↑
42	泰国	↓	48	蒙古	↑	54	乌克兰	↓
43	埃及	-	49	南非	↑	55	安哥拉	↑
44	越南	↓	50	尼日利亚	-	56	伊朗	↓
45	巴西	↓	51	伊拉克	↓	57	委内瑞拉	-

注：- 表示与2018年相比，相对排名没有变化的国家；↑表示与2018年相比，相对排名上升的国家；↓表示与2018年相比，相对排名下降的国家。

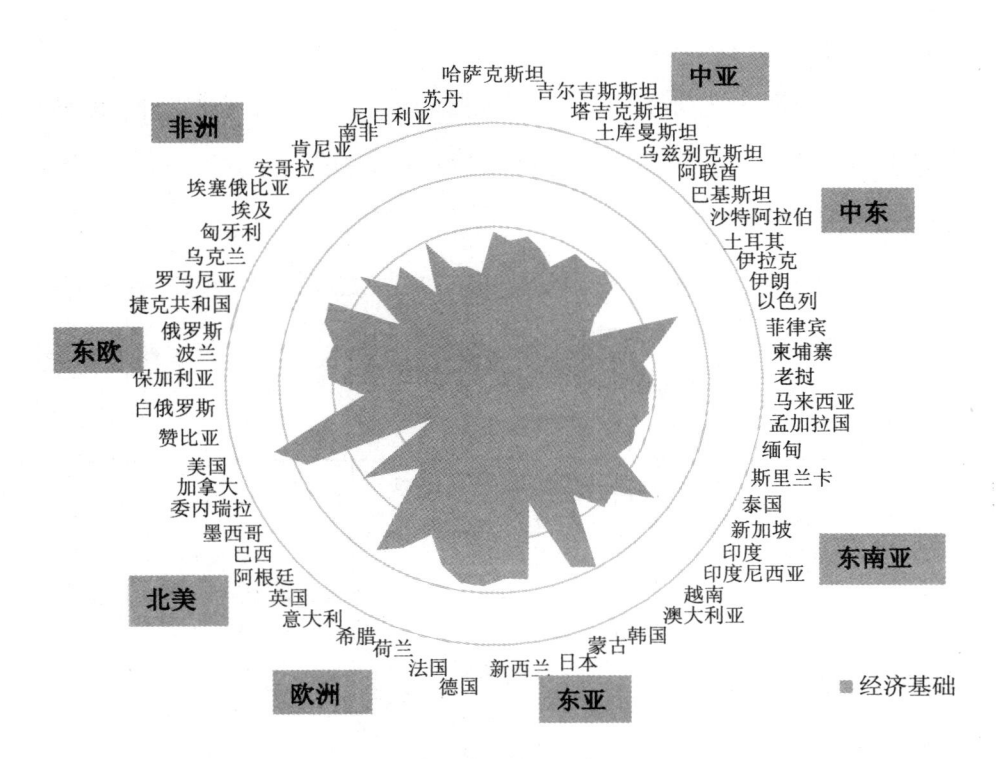

图1 经济基础评级结果

与 2018 年相比,除美国、澳大利亚、韩国等 15 个国家的相对排名没有变动,其他国家的相对排名均有不同程度的上升或下降。其中,德国和英国等 21 个国家经济基础的相对排名有所上升,法国和日本等 21 个国家的相对排名比之前有所下降。

2. 政治风险

政治风险方面,与 2018 年度量方法相同,本报告主要关注 8 个指标。通过分析具体指标,本报告发现,与 2018 年情况基本一致,发达国家政治风险普遍低于新兴经济体,占据排名前 10 位的国家中,除了阿联酋以外,均为发达经济体。

与 2018 年相比,荷兰、伊拉克、苏丹、保加利亚 4 国的相对排名没有变动,其他国家政治风险的相对排名均有不同程度的上升或下降。其中,澳大利亚、日本等 23 国的相对排名有所上升,德国、加拿大等 30 国的相对排名有所下降。

表 10　　政治风险评级结果

排名	国家	排名变化	排名	国家	排名变化	排名	国家	排名变化
1	荷兰	–	8	新加坡	↑	15	希腊	↑
2	澳大利亚	↑	9	阿联酋	↑	16	捷克	↓
3	德国	↓	10	波兰	↓	17	匈牙利	↓
4	日本	↑	11	美国	↓	18	沙特阿拉伯	↑
5	加拿大	↓	12	韩国	↑	19	马来西亚	↓
6	英国	↑	13	以色列	↑	20	南非	↓
7	新西兰	↓	14	法国	↓	21	罗马尼亚	↓

续表

排名	国家	排名变化	排名	国家	排名变化	排名	国家	排名变化
22	巴西	↑	34	吉尔吉斯斯坦	↑	46	柬埔寨	↓
23	赞比亚	↑	35	尼日利亚	↑	47	伊朗	↑
24	意大利	↓	36	俄罗斯	↑	48	白俄罗斯	↓
25	印度	↓	37	蒙古	↓	49	土耳其	↓
26	菲律宾	↑	38	塔吉克斯坦	↑	50	乌兹别克斯坦	↓
27	斯里兰卡	↑	39	哈萨克斯坦	↓	51	埃及	↓
28	保加利亚	—	40	墨西哥	↓	52	土库曼斯坦	↑
29	老挝	↑	41	肯尼亚	↓	53	巴基斯坦	↓
30	乌克兰	↓	42	缅甸	↓	54	埃塞俄比亚	↓
31	印度尼西亚	↓	43	越南	↓	55	委内瑞拉	↓
32	泰国	↓	44	安哥拉	↑	56	伊拉克	—
33	阿根廷	↓	45	孟加拉国	↓	57	苏丹	—

注：— 表示与2018年相比，相对排名没有变化的国家；↑ 表示与2018年相比，相对排名上升的国家；↓ 表示与2018年相比，相对排名下降的国家。

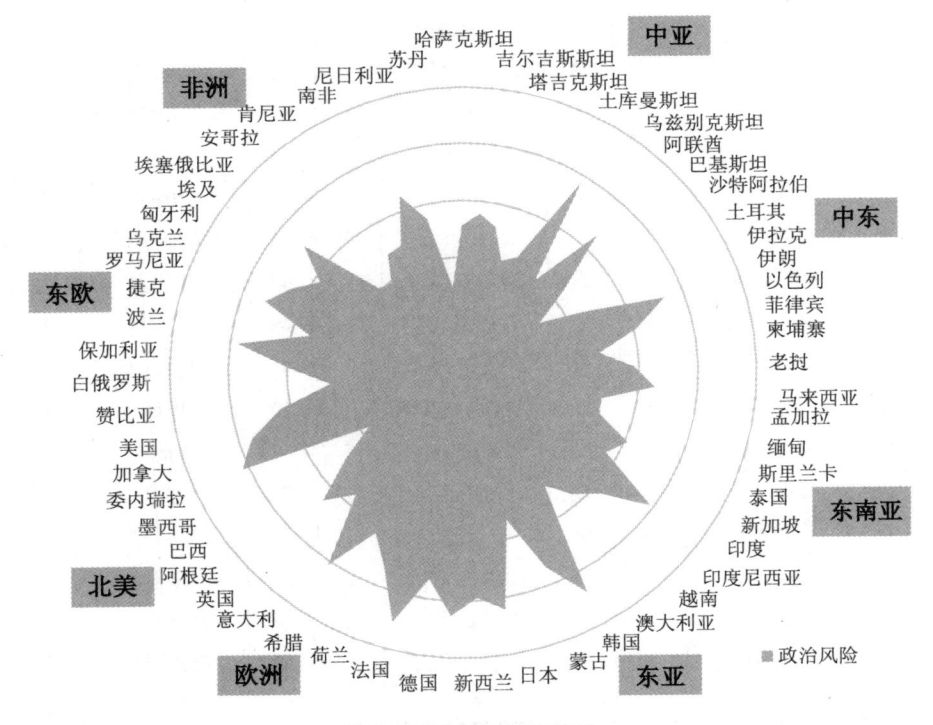

图2 政治风险评级结果

3. 社会弹性

社会弹性方面，与 2018 年的度量指标相同，本报告主要关注 8 个指标。通过分析具体指标，本报告发现，与 2018 年情况基本类似，发达国家社会弹性发展状况普遍好于新兴经济体，15 个发达经济体中有 8 个国家位列前 10 位，新兴经济体中阿联酋、沙特位列前 10 位。

表 11   社会弹性评级结果

排名	国家	排名变化	排名	国家	排名变化	排名	国家	排名变化
1	新西兰	–	20	俄罗斯	↑	39	希腊	↓
2	德国	↑	21	斯里兰卡	↑	40	越南	↑
3	阿联酋	↑	22	土库曼斯坦	↑	41	埃及	↑
4	新加坡	↓	23	意大利	↓	42	阿根廷	↓
5	英国	–	24	以色列	↓	43	吉尔吉斯斯坦	↓
6	沙特阿拉伯	↑	25	法国	↓	44	乌克兰	↓
7	加拿大	↓	26	土耳其	↓	45	伊朗	↑
8	荷兰	↑	27	蒙古	↑	46	孟加拉国	↑
9	匈牙利	↑	28	塔吉克斯坦	↑	47	菲律宾	↓
10	澳大利亚	↑	29	白俄罗斯	↓	48	伊拉克	↓
11	波兰	↑	30	印度尼西亚	↑	49	尼日利亚	↓
12	马来西亚	↑	31	乌兹别克斯坦	↑	50	巴西	↓
13	日本	↓	32	柬埔寨	↑	51	埃塞俄比亚	↓
14	罗马尼亚	↑	33	印度	↓	52	苏丹	↓
15	保加利亚	↑	34	老挝	↑	53	安哥拉	↓
16	捷克	↓	35	墨西哥	↓	54	南非	↓
17	美国	↓	36	赞比亚	↑	55	巴基斯坦	↓
18	韩国	↓	37	肯尼亚	↓	56	委内瑞拉	↑
19	哈萨克斯坦	–	38	泰国	↓	57	缅甸	↓

注：– 表示与 2018 年相比，相对排名没有变化的国家；↑ 表示与 2018 年相比，相对排名上升的国家；↓ 表示与 2018 年相比，相对排名下降的国家。

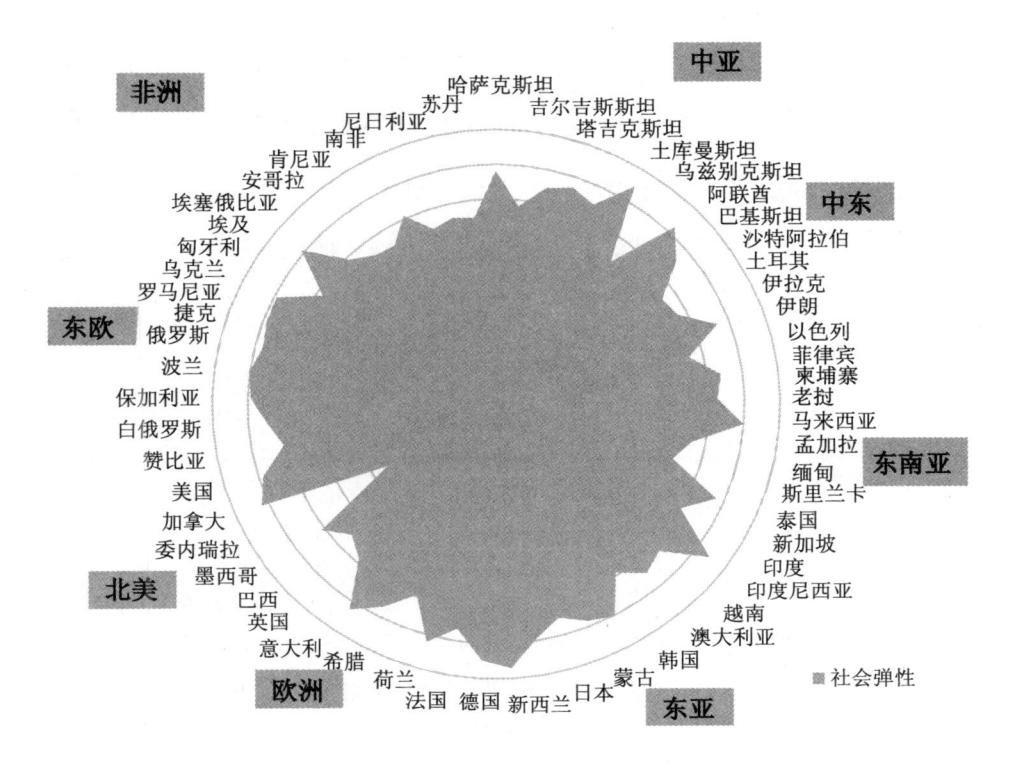

图3 社会弹性评级结果

与2018年相比，除新西兰、哈萨克斯坦、英国3国的相对排名没有变动，其他国家社会弹性的相对排名均有不同程度的上升或下降。其中，德国、阿联酋等28国社会弹性的相对排名有所上升，新加坡、加拿大等26国社会弹性的相对排名有所下降。

4. 偿债能力

偿债能力方面，与2018年的度量指标相同，本报告主要关注9个指标。通过分析具体指标，本报告发现，发达经济体偿债能力明显强于新兴经济体，进入排名前10位的都是发达经济体。

与 2018 年相比，除德国、韩国、美国等 8 个国家的相对排名没有变动外，其他国家偿债能力的相对排名均有不同程度的上升或下降。其中，澳大利亚和加拿大等 28 个国家偿债能力的相对排名有所上升，新西兰和以色列等 21 个国家偿债能力的相对排名有所下降。

表 12　　　　　　　偿债能力评级结果

排名	国家	排名变化	排名	国家	排名变化	排名	国家	排名变化
1	德国	–	20	缅甸	↑	39	南非	↓
2	韩国	–	21	英国	↑	40	巴西	↑
3	美国	–	22	沙特阿拉伯	↑	41	白俄罗斯	↑
4	澳大利亚	↑	23	日本	↑	42	阿根廷	↓
5	新西兰	↓	24	印度尼西亚	–	43	肯尼亚	↑
6	匈牙利	–	25	哈萨克斯坦	↑	44	印度	↓
7	加拿大	↑	26	菲律宾	↓	45	老挝	↑
8	法国	↑	27	墨西哥	↑	46	埃及	↑
9	以色列	↓	28	新加坡	–	47	斯里兰卡	↓
10	捷克	↓	29	越南	↑	48	希腊	↓
11	乌兹别克斯坦	↓	30	孟加拉国	↓	49	埃塞俄比亚	↑
12	阿联酋	↓	31	罗马尼亚	↓	50	巴基斯坦	↓
13	俄罗斯	↑	32	土耳其	↓	51	赞比亚	↓
14	意大利	↑	33	尼日利亚	↑	52	蒙古	↑
15	泰国	↑	34	柬埔寨	–	53	吉尔吉斯斯坦	↓
16	保加利亚	↑	35	安哥拉	↑	54	塔吉克斯坦	↑
17	波兰	↑	36	伊朗	↓	55	乌克兰	↑
18	土库曼斯坦	↓	37	马来西亚	↓	56	委内瑞拉	↓
19	荷兰	–	38	伊拉克	↓	57	苏丹	↓

注：– 表示与 2018 年相比，相对排名没有变化的国家；↑ 表示与 2018 年相比，相对排名上升的国家；↓ 表示与 2018 年相比，相对排名下降的国家。

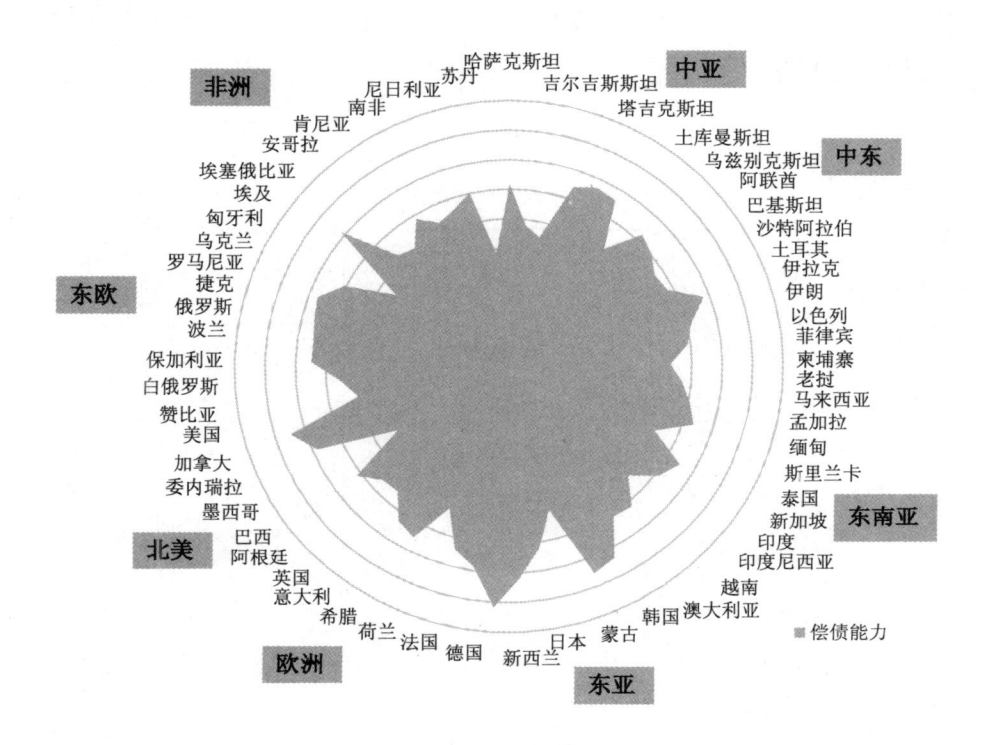

图 4　偿债能力评级结果

5. 对华关系

对华关系方面，与 2018 年的度量指标相同，本报告主要关注 6 个指标。通过分析具体指标，本报告发现，排名前 10 的国家仅有新加坡一个发达经济体，发达国家得分普遍下降，尤其是美国的得分在今年下降幅度较大，位居末位。

与 2018 年相比，除了巴基斯坦等 4 国对华关系的相对排名没有变动外，其他国家对华关系的相对排名均有不同程度的上升或下降。其中，缅甸、土库曼斯坦等 28 国对华关系的相对排名有所上升，美国、印度等25国的相对排名有所下降。

表13　　对华关系评级结果

排名	国家	排名变化	排名	国家	排名变化	排名	国家	排名变化
1	巴基斯坦	–	20	委内瑞拉	↓	39	罗马尼亚	↑
2	老挝	–	21	泰国	↑	40	法国	↑
3	塔吉克斯坦	–	22	南非	↓	41	荷兰	↓
4	缅甸	↑	23	阿根廷	↓	42	澳大利亚	↓
5	土库曼斯坦	↑	24	德国	↓	43	意大利	↓
6	俄罗斯	↑	25	埃及	↑	44	乌克兰	↓
7	新加坡	↑	26	马来西亚	↓	45	日本	↑
8	蒙古	↑	27	肯尼亚	↑	46	加拿大	↓
9	尼日利亚	↑	28	土耳其	↓	47	赞比亚	↓
10	柬埔寨	↑	29	菲律宾	↓	48	希腊	↓
11	哈萨克斯坦	–	30	保加利亚	↓	49	墨西哥	↑
12	孟加拉国	↑	31	英国	↑	50	吉尔吉斯斯坦	↓
13	韩国	↑	32	以色列	↑	51	安哥拉	↑
14	越南	↓	33	乌兹别克斯坦	↓	52	印度尼西亚	↓
15	斯里兰卡	↑	34	沙特阿拉伯	↓	53	巴西	↓
16	白俄罗斯	↑	35	匈牙利	↓	54	捷克	↓
17	苏丹	↓	36	新西兰	↓	55	伊拉克	↓
18	埃塞俄比亚	↓	37	波兰	↑	56	印度	↓
19	伊朗	↓	38	阿联酋	↑	57	美国	↓

注：– 表示与2018年相比，相对排名没有变化的国家；↑表示与2018年相比，相对排名上升的国家；↓表示与2018年相比，相对排名下降的国家。

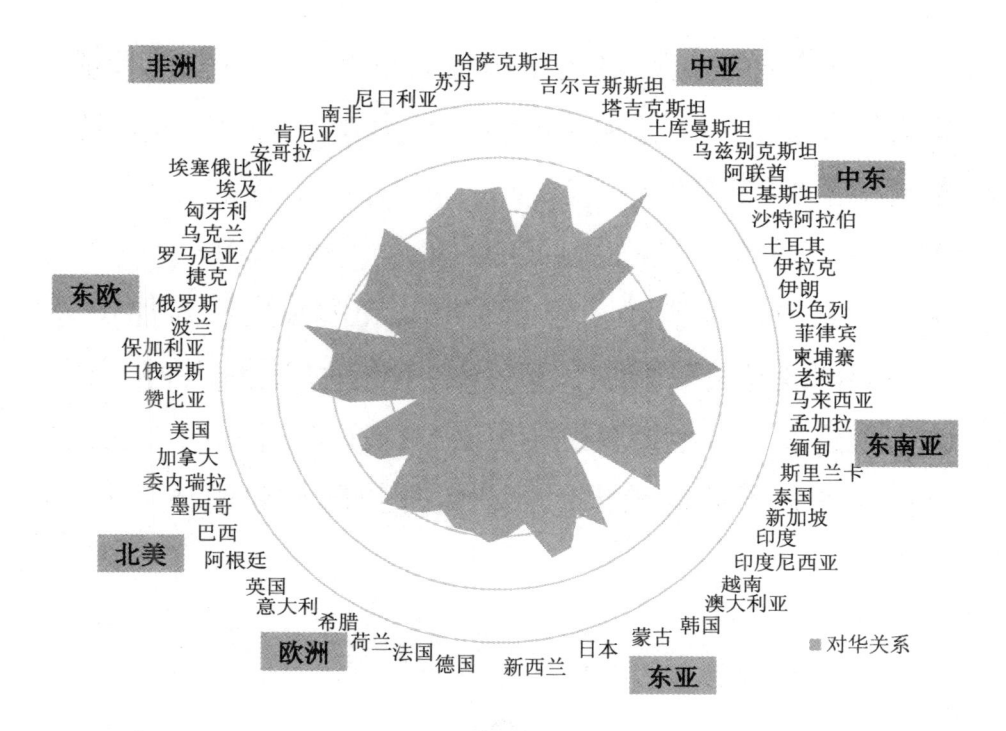

图5 对华关系评级结果

五 CROIC–IWEP 国家风险评级主要排名变动国家分析

（一）孟加拉国（↑12）

在2019年中国海外投资国家风险评级的结果中，孟加拉国的排名上升12位。孟加拉国经济稳中有升，经济增速自2012年以来始终保持在6%以上，截至2018年3月，孟加拉国拥有324亿美元外汇储备[①]，偿债能力有所

[①] 资料来源：中国驻孟加拉国经商参处。

提升。孟加拉国吸收利用中国投资显著增加，双边投资、贸易依存度上升。孟加拉国吸收了大量中国纺织业转移，推动了孟加拉国的纺织品出口。目前，纺织品占孟加拉国出口总量的 80% 左右，且逐年上升。而且 2018 年 8 月，中国与孟加拉国签订《中华人民共和国政府和孟加拉人民共和国政府关于鼓励和相互保护投资协定》，将在未来为中国企业对当地投资创造更多有利环境。因此，孟加拉国的对华关系提升较大，带动孟加拉国排名整体上升了 12 位。

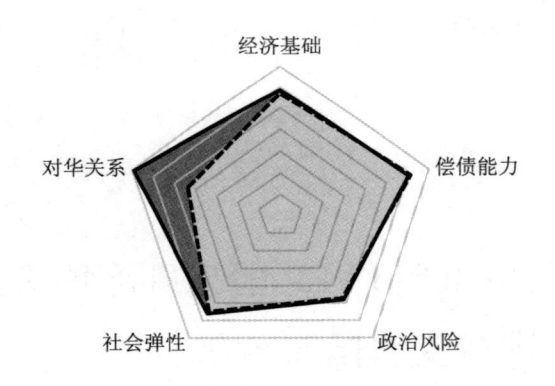

图 6　孟加拉国得分对比

注：实线部分代表 2019 年得分，虚线部分是 2018 年得分。

（二）斯里兰卡（↑12）

在 2019 年中国海外投资国家风险评级的结果中，斯里兰卡的排名上升 12 位。斯里兰卡与中国的经贸往来显著增多，双边投资、贸易依存度提升。斯里兰卡地方选举在 2018 年 2 月举行，亲华派前总统拉贾帕克萨领导的政党取得压倒性胜利，而现政权基础正在动摇，前总统阵营在地方行政层面显示出吸引中国资金的姿态。整体上来看，政治稳定和对华关系将有一定提升。但是，斯里兰卡此前曾多次出现国内党派斗争，对外政策在"亲华"与"亲印"之间摇摆，政治局势仍然存在不确定性。

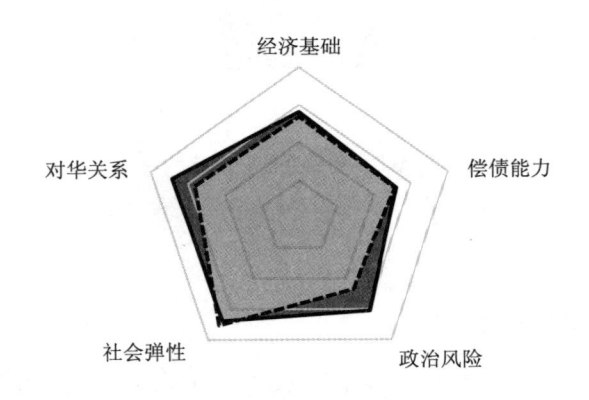

图7 斯里兰卡得分对比

注：实线部分代表2019年得分，虚线部分是2018年得分。

（三）赞比亚（↑9）

在2019年中国海外投资国家风险评级的结果中，赞比亚的排名上升9位。赞比亚的经济基本面情况有较大改善，经济增速稳中有升，投资开放度提升。2019年，世界债务评级机构穆迪将赞比亚的评级展望定为稳定，反映出政府流动资金较多，债务压力有所降低[①]。此外，赞比亚两大政治势力实现和解，预期未来政局稳定性将

---

① 资料来源：中国驻赞比亚经商参处。

有所提升。

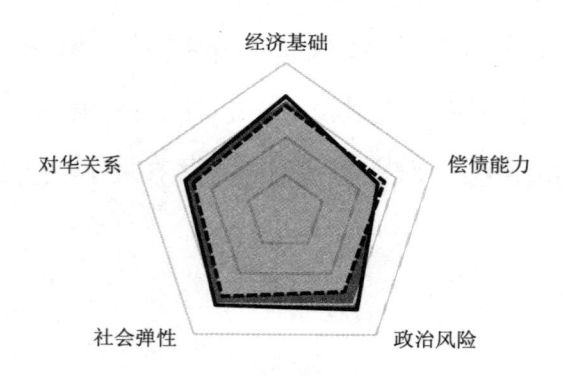

图8　赞比亚得分对比

注：实线部分代表2019年得分，虚线部分是2018年得分。

（四）老挝（↑9）

在2019年中国海外投资国家风险评级的结果中，老挝的排名上升9位。老挝的经济基本面有所提升，短期债务占比减少；吸收外资增加，投资开放度提升；贸易条件也有较大改善，预期未来老挝的出口将保持较快增长。世

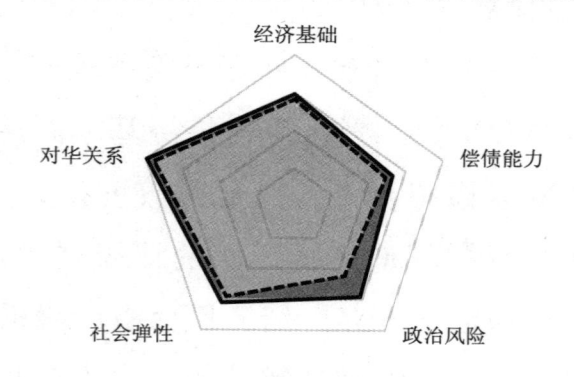

图9　老挝得分对比

注：实线部分代表2019年得分，虚线部分是2018年得分。

界银行指出①，尽管全球经济总体形势存在不确定性，但是老挝的经济增长总体态势良好，能够实现7%的经济增长，这一增速是东亚地区的最高经济增长目标。

（五）墨西哥（↓13）

在2019年中国海外投资国家风险评级的结果中，墨西哥的排名下降13位。墨西哥政治和社会两项得分下降明显。墨西哥政府于2018年12月1日换届，新任总统洛佩斯宣誓就职。新总统领导下的政府左翼色彩明显，并且与上一届政府政策导向分歧明显。市场担忧墨西哥可能加强管制，私有化和开放进程出现倒退。针对新政府上台可能对墨西哥经济与投资前景造成的不确定性，IMF指出墨西哥经济将面临重大挑战。IMF认为，这种不确定性涉及政府经济政策、能源行业和其他改革措施、石油产量是否进一步下降等②。评级机构惠誉已将墨西哥国债前景从"稳定"调整为"负面"③，理由为新政府可能推行的政策将对经济造成冲击。而如何处理与美国的移民争端，也是墨西哥未来的不确定性因素之一。

---

① 资料来源：中国驻老挝经商参处。
② 资料来源：墨西哥央行。
③ 资料来源：《华尔街日报》，2018年11月1日。

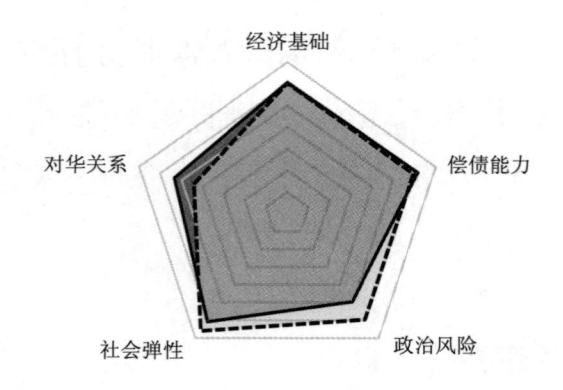

图 10　墨西哥得分对比

注：实线部分代表 2019 年得分，虚线部分是 2018 年得分。

（六）印度（↓13）

在 2019 年中国海外投资国家风险评级的结果中，印度的排名下降 13 位。印度内部冲突得分下降明显，2018 年，印度多地爆发冲突。4 月初，在印控克什米尔地区爆发的武装冲突中，印度边防军与武装组织交战，超过 5 名印度武装人员死亡，还有上百名反对派武装死伤。印军与

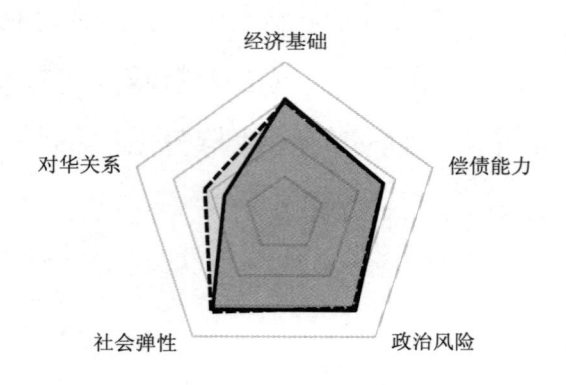

图 11　印度得分对比

注：实线部分代表 2019 年得分，虚线部分是 2018 年得分。

武装组织冲突结束后,克什米尔地区大量居民涌上街头抗议示威,印军开枪驱散,造成上百名平民受伤,4人死亡。此外,印度与中国签订的BIT协议有效期终止,对华关系得分出现显著下降。

(七)巴基斯坦(↓11)

在2019年中国海外投资国家风险评级的结果中,巴基斯坦的排名下降11位。巴基斯坦内部冲突得分大幅下降,2018年,巴基斯坦恐怖活动较为频繁,例如,7月,巴基斯坦南部俾路支省竞选集会上发生自杀式炸弹袭击,造成至少149人丧生,186人受伤。11月,巴基斯坦西北部部落地区的一所宗教学校附近发生爆炸袭击,导致33人死亡。国内不断爆发的冲突使得对巴基斯坦的投资面临潜在风险。

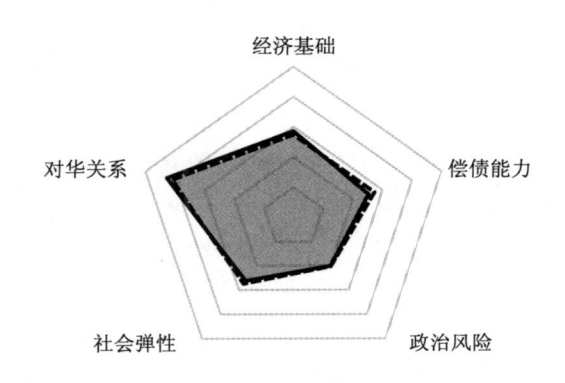

图 12　巴基斯坦得分对比

注:实线部分代表2019年得分,虚线部分是2018年得分。

(八) 乌兹别克斯坦 (↓11)

在 2019 年中国海外投资国家风险评级的结果中，乌兹别克斯坦的排名下降 11 位。乌兹别克斯坦的经济增长有所下降。根据 IMF 预计[①]，2019 年乌兹别克斯坦经济增速约为 5%。乌兹别克斯坦通胀率仍然较高，乌央行预计 2019 年通胀率为 13%—15%，持续较高的通胀率不利于外国投资，未来通胀仍然会是乌兹别克斯坦的重要经济挑战。IMF 敦促乌兹别克斯坦政府采取紧缩的货币政策和其他措施控制通货膨胀，但通胀是否下降仍然有待观察。

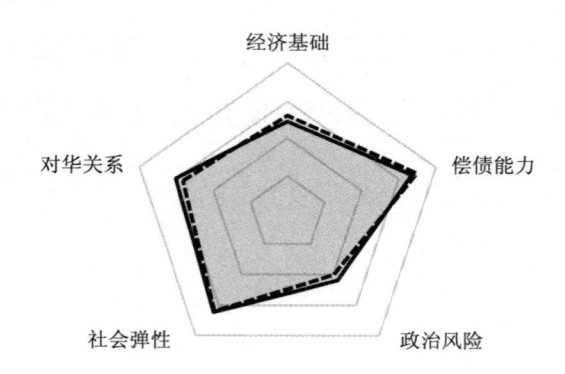

图 13 乌兹别克斯坦得分对比

注：实线部分代表 2019 年得分，虚线部分是 2018 年得分。

(九) 美国 (↓10)

在 2019 年中国海外投资国家风险评级的结果中，美

---

① 资料来源：中国驻乌兹别克斯坦经商参处。

国的排名下降10位。美国虽然经济仍然保持良好增长态势，但对华关系得分大幅下降，中美贸易摩擦、美国对中兴通信进行制裁、台海问题等都导致中美关系不断恶化。此外，2018年8月特朗普总统签署通过的《外国投资风险审查现代化法案》，使得中国企业对美投资更加困难。此外，特朗普政府的政策引起美国社会持续分裂，使得美国的社会弹性得分有明显下降。

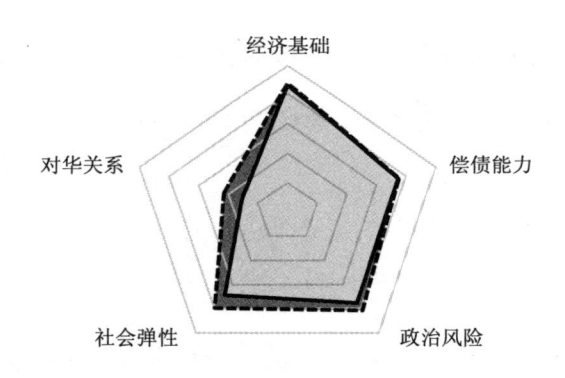

图14　美国得分对比

注：实线部分代表2019年得分，虚线部分是2018年得分。

2019年中国海外投资国家风险评级报告"一带一路"沿线国家风险评级子报告

中国社会科学院世界经济与政治研究所

国家风险评级课题组

近年来,共建"一带一路"正在成为中国参与全球开放合作、改善全球经济治理体系、促进全球共同发展繁荣、推动构建人类命运共同体的中国方案。对外直接投资则是中国推进"一带一路"战略、实现区域共同繁荣的主要方式之一。在基础设施建设、市场共享、资源互补、提高当地生产技术和效率、推动人民币国际化等方面都有积极作用。但是,"一带一路"地区的投资风险也高于整体水平,"一带一路"地区多为发展中国家,经济基础整体较为薄弱,经济结构单一,经济稳定性较差;部分国家地缘政治复杂,政权更迭频繁,政治风险较高,而且内部社会弹性和偿债能力也较低，投资具有较大不确定性。因此，做好风险预警，对风险进行正确识别和有效应对，对中国企业海外投资具有重要的政策和现实指导意义。

"一带一路"沿线区域是中国对外直接投资的重要目的地之一，而且投资规模较为稳定。根据商务部的数据，2018年1—11月，中国企业在56个"一带一路"沿线国家进行非金融类直接投资129.6亿美元，同比增长4.8%，占同期总额的12.4%，主要投向新加坡、老挝、巴基斯坦、印度尼西亚、越南、马来西亚、泰国和柬埔寨等国家。2016年和2017年，中国企业对59个"一带一路"沿线国家进行非金融类直接投资分别为145.3亿美元和143.6亿美元。对外承包工程方面，2018年1—11月，中国企业与"一带一路"沿线国家新签对外承包工程项目合同3640份，新签合同额904.3亿美元，占同期中国对外承包工程新签合同额的48.8%，同比下降20.3%；完成营业额736.6亿美元，占同期总额的53.4%，同比增长12.6%。

本评级报告对35个"一带一路"沿线国家进行了风险评级，包括新加坡、以色列、捷克、匈牙利和希腊5个发达经济体，以及阿联酋、沙特阿拉伯等30个新兴经济体。从区域分布来看，涉及非洲国家1个、欧洲国家10个、亚太国家24个。2017年中国对这35个国家直接投资的规模占对所有"一带一路"沿线国家的97.4%。具体评级样本及中国对35国的投资存量数据参见表1。

表1　"一带一路"沿线国家风险评级样本

排名	国家	地区	是否发达国家	截至2017年投资存量（亿美元）	存量排名变化	截至2016年投资存量（亿美元）
1	新加坡	东亚	1	445.68	0	334.46
2	俄罗斯	独联体	0	138.72	0	129.80
3	印度尼西亚	东亚	0	105.39	0	95.46
4	哈萨克斯坦	中亚	0	75.61	1	54.32
5	老挝	东亚	0	66.55	-1	55.00
6	巴基斯坦	南亚	0	57.16	2	47.59
7	缅甸	东亚	0	55.25	2	46.20
8	柬埔寨	东亚	0	54.49	3	43.69
9	阿联酋	西亚	0	53.73	-2	48.88
10	泰国	东亚	0	53.58	0	45.33
11	越南	东亚	0	49.65	-5	49.84
12	马来西亚	东亚	0	49.15	2	36.34
13	印度	南亚	0	47.47	3	31.08
14	以色列	西亚	1	41.49	-2	42.3
15	伊朗	西亚	0	36.24	0	33.31
16	蒙古	东亚	0	36.23	-3	38.39
17	沙特阿拉伯	西亚	0	20.38	0	26.07
18	塔吉克斯坦	中亚	0	16.16	1	11.67
19	土耳其	中东欧	0	13.01	1	10.61
20	吉尔吉斯斯坦	中亚	0	12.99	-2	12.38
21	乌兹别克斯坦	中亚	0	9.46	0	10.58
22	埃及	非洲	0	8.35	0	8.89
23	菲律宾	东亚	0	8.20	1	7.19
24	斯里兰卡	南亚	0	7.28	-1	7.29

续表

排名	国家	地区	是否发达国家	截至2017年投资存量（亿美元）	存量排名变化	截至2016年投资存量（亿美元）
25	白俄罗斯	独联体	0	5.48	1	4.98
26	伊拉克	西亚	0	4.14	-1	5.58
27	波兰	中东欧	0	4.06	1	3.21
28	土库曼斯坦	中亚	0	3.43	2	2.49
29	孟加拉国	南亚	0	3.29	3	2.25
30	匈牙利	中东欧	1	3.28	-1	3.14
31	罗马尼亚	中东欧	0	3.10	-4	3.92
32	保加利亚	中东欧	0	2.50	1	1.66
33	希腊	中东欧	1	1.82	2	0.48
34	捷克	中东欧	1	1.65	-3	2.28
35	乌克兰	独联体	0	0.63	-1	0.67

注：存量排名变化中正数表示名次上升，负数表示名次下降，0表示没有变化。

本报告的评级方法与主报告一致，包括经济基础、偿债能力、政治风险、社会弹性和对华关系五大指标。首先，对五大指标之下的细项指标的得分标准化，分别加权得到每个指标的得分，分值区间为0—1，分数越高表示风险越低；其次，对五个指标的得分加权平均，权重均为0.2；最后，将所得分数转化为相应的级别，包括AAA、AA、A、BBB、BB、B、CCC、CC、C共9级分类，其中AAA和AA为低风险级别，A、BBB为中等风险级别，BB及以下为高风险级别。

从总的评级结果来看（参见表2），低风险级别（AAA-AA）仅有新加坡一个国家；中等风险级别（A-

BBB）包括27个国家，占35个国家的绝大多数；高风险级别（BB-B）包括7个国家。

表2   "一带一路"沿线国家评级结果

2019排名	国家	地区	是否发达国家	排名变化	2019评级结果	2018评级结果
1	新加坡	东亚	1	-	AA	AA
2	以色列	西亚	1	↑	A	A
3	匈牙利	中东欧	1	↑	A	A
4	阿联酋	西亚	0	↓	A	A
5	波兰	中东欧	0	↓	A	A
6	罗马尼亚	中东欧	0	↑	A	A
7	俄罗斯	独联体	0	↑	A	BBB
8	沙特阿拉伯	西亚	0	↑	A	BBB
9	保加利亚	中东欧	0	-	BBB	BBB
10	捷克	中东欧	1	↓	BBB	A
11	老挝	东亚	0	↑	BBB	BBB
12	马来西亚	东亚	0	↓	BBB	A
13	哈萨克斯坦	中亚	0	↓	BBB	BBB
14	斯里兰卡	南亚	0	↑	BBB	BBB
15	菲律宾	东亚	0	↓	BBB	BBB
16	泰国	东亚	0	↓	BBB	BBB
17	土库曼斯坦	中亚	0	-	BBB	BBB
18	希腊	中东欧	1	↑	BBB	BBB
19	柬埔寨	东亚	0	↑	BBB	BBB
20	塔吉克斯坦	中亚	0	-	BBB	BBB
21	缅甸	东亚	0	↑	BBB	BBB
22	孟加拉国	南亚	0	↑	BBB	BB
23	印度尼西亚	东亚	0	↓	BBB	BBB

续表

2019排名	国家	地区	是否发达国家	排名变化	2019评级结果	2018评级结果
24	土耳其	中东欧	0	↓	BBB	BBB
25	越南	东亚	0	↑	BBB	BBB
26	巴基斯坦	南亚	0	↓	BBB	BBB
27	蒙古	东亚	0	↑	BBB	BB
28	乌兹别克斯坦	中亚	0	↓	BBB	BBB
29	白俄罗斯	独联体	0	↑	BB	BB
30	印度	南亚	0	↓	BB	BBB
31	吉尔吉斯斯坦	中亚	0	↑	BB	BB
32	伊朗	西亚	0	↓	BB	BBB
33	埃及	非洲	0	↑	BB	BB
34	乌克兰	独联体	0	↓	BB	BB
35	伊拉克	西亚	0	—	B	B

和2018年相比，斯里兰卡、老挝和孟加拉的排名提升最快，分别提高了11、8和7位，而印度尼西亚、印度、土耳其和巴基斯坦的排名下降最快，分别下降了9、8、8和8位；排名第1和最后1名的国家新加坡和伊拉克排名没有发生变化。

"一带一路"样本国家中有5个发达经济体，分别是新加坡、以色列、捷克、匈牙利和希腊。整体来看，发达经济体评级结果普遍好于新兴经济体，最终得分比新兴经济体高12.1%。经济基础、偿债能力、政治风险和社会弹性四个指标的表现都好于新兴经济体，尤其是政治风险和经济基础，平均得分分别比新兴经济体高36.1%和22.7%。与2018年相同，新加坡蝉联了"一带一路"样本国家评级排名第一，其经济基础和政治风险得分远高于其他国家，对华关系、社会弹性和偿债能力也位于较高水平。发达国家中排名最低的希腊2019年的排名为第18名，主要是由于债务危机的影响，偿债能力和社会弹性都位于较低水平，但相比2018年已经上升了5位。

总体来看，"一带一路"样本国家中多为新兴经济体，整体的经济基础较为薄弱，经济结构单一，经济稳定性差；部分国家地缘政治复杂，政权更迭频繁，政治风险较高；而且内部社会弹性和偿债能力也较低。但是，新兴经济体和中国之间的双边关系得分高于发达经济体，"一带一路"沿线国家中新兴经济体的双边关系得分比发达经济体高出11.9%。

从分项指标来看（参见表3），除了对华关系和社会弹性外，其他三项指标中排名第一的均为发达经济体。"一带一路"沿线国家对华的政治和经济关系分化较大，既有与中国政治关系密切，经济依存度高的巴基斯坦、老挝等国家；也有对中国怀有警惕心理，投资阻力较大，经济依存度较低的国家，如印度等；还存在由于国内稳定性和开放度原因，使投资阻力较大，双方经贸往来难度较高的国家，如伊拉克。此外，一些国家虽然与中国政治关系友好，但是，经济依存度较低，因此对华关系得分较低，如捷克、希腊等国家。

表3　　　　　"一路一带"沿线国家分项指标排名

排名	经济基础	偿债能力	政治风险	社会弹性	对华关系
1	新加坡	匈牙利	新加坡	阿联酋	巴基斯坦
2	以色列	以色列	阿联酋	新加坡	老挝
3	罗马尼亚	捷克	波兰	沙特阿拉伯	塔吉克斯坦
4	捷克	乌兹别克斯坦	以色列	匈牙利	缅甸
5	匈牙利	阿联酋	希腊	波兰	土库曼斯坦
6	菲律宾	俄罗斯	捷克	马来西亚	俄罗斯
7	波兰	泰国	匈牙利	罗马尼亚	新加坡
8	印度尼西亚	保加利亚	沙特阿拉伯	保加利亚	蒙古
9	希腊	波兰	马来西亚	捷克	柬埔寨
10	保加利亚	土库曼斯坦	罗马尼亚	哈萨克斯坦	哈萨克斯坦
11	俄罗斯	缅甸	印度	俄罗斯	孟加拉国
12	印度	沙特阿拉伯	菲律宾	斯里兰卡	越南
13	沙特阿拉伯	印度尼西亚	斯里兰卡	土库曼斯坦	斯里兰卡
14	老挝	哈萨克斯坦	保加利亚	以色列	白俄罗斯
15	孟加拉国	菲律宾	老挝	土耳其	伊朗
16	阿联酋	新加坡	乌克兰	蒙古	泰国
17	哈萨克斯坦	越南	印度尼西亚	塔吉克斯坦	埃及
18	塔吉克斯坦	孟加拉国	泰国	白俄罗斯	马来西亚
19	马来西亚	罗马尼亚	吉尔吉斯斯坦	印度尼西亚	土耳其
20	土耳其	土耳其	俄罗斯	乌兹别克斯坦	菲律宾
21	巴基斯坦	柬埔寨	蒙古	柬埔寨	保加利亚
22	斯里兰卡	伊朗	塔吉克斯坦	印度	以色列
23	柬埔寨	马来西亚	哈萨克斯坦	老挝	乌兹别克斯坦
24	缅甸	伊拉克	缅甸	泰国	沙特阿拉伯
25	吉尔吉斯斯坦	白俄罗斯	越南	希腊	匈牙利
26	土库曼斯坦	印度	孟加拉国	越南	波兰
27	泰国	老挝	柬埔寨	埃及	阿联酋
28	埃及	埃及	伊朗	吉尔吉斯斯坦	罗马尼亚

续表

排名	经济基础	偿债能力	政治风险	社会弹性	对华关系
29	越南	斯里兰卡	白俄罗斯	乌克兰	乌克兰
30	乌兹别克斯坦	希腊	土耳其	伊朗	希腊
31	白俄罗斯	巴基斯坦	乌兹别克斯坦	孟加拉国	吉尔吉斯斯坦
32	蒙古	蒙古	埃及	菲律宾	印度尼西亚
33	伊拉克	吉尔吉斯斯坦	土库曼斯坦	伊拉克	捷克
34	乌克兰	塔吉克斯坦	巴基斯坦	巴基斯坦	伊拉克
35	伊朗	乌克兰	伊拉克	缅甸	印度

为更准确评价"一带一路"沿线国家在各方面的表现，仍需要将其还原到整体样本中去。相对于整体水平而言，"一带一路"沿线国家的投资风险较高，从本评级结果来看，低风险评级（AA级及以上）国家仅有新加坡1个，而高风险国家（BB级及以下）则有7个。其中"一带一路"沿线国家的政治风险是最大的潜在风险，但是相对2018年有所好转；而经济基础相对整体水平而言同样更加薄弱，但是对华关系好于整体水平。

表4　　"一带一路"沿线国家和总体的评分比较

区域	总分	经济基础	偿债能力	政治风险	社会弹性	双边关系
一带一路	0.599	0.574	0.590	0.565	0.639	0.626
整体	0.607	0.593	0.599	0.597	0.635	0.610

具体来说,"一带一路"国家的政治风险评分比整体低5.3%,比2018年下降了3.5个百分点,但是在整体57个国家排名中仍处于中等偏低位置,尤其需要注意伊拉克、巴基斯坦、埃及、土耳其和中亚地区的政治风险。而在经济基础方面,"一带一路"国家得分比整体低3.2%,伊朗、乌克兰和伊拉克等国的经济基础较差。而"一带一路"沿线国家的对华关系得分则高出整体2.7%,好于总体水平,其中巴基斯坦和老挝等国家与中国的政治关系良好,而且经济依存度高。

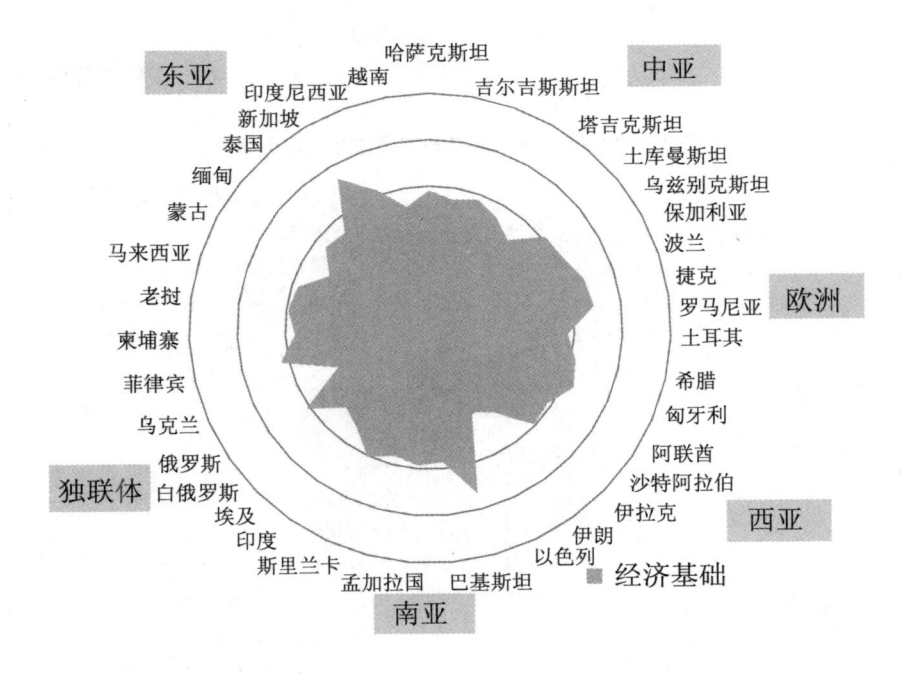

图1 "一带一路"沿线国家经济基础评分结果

60 国家智库报告

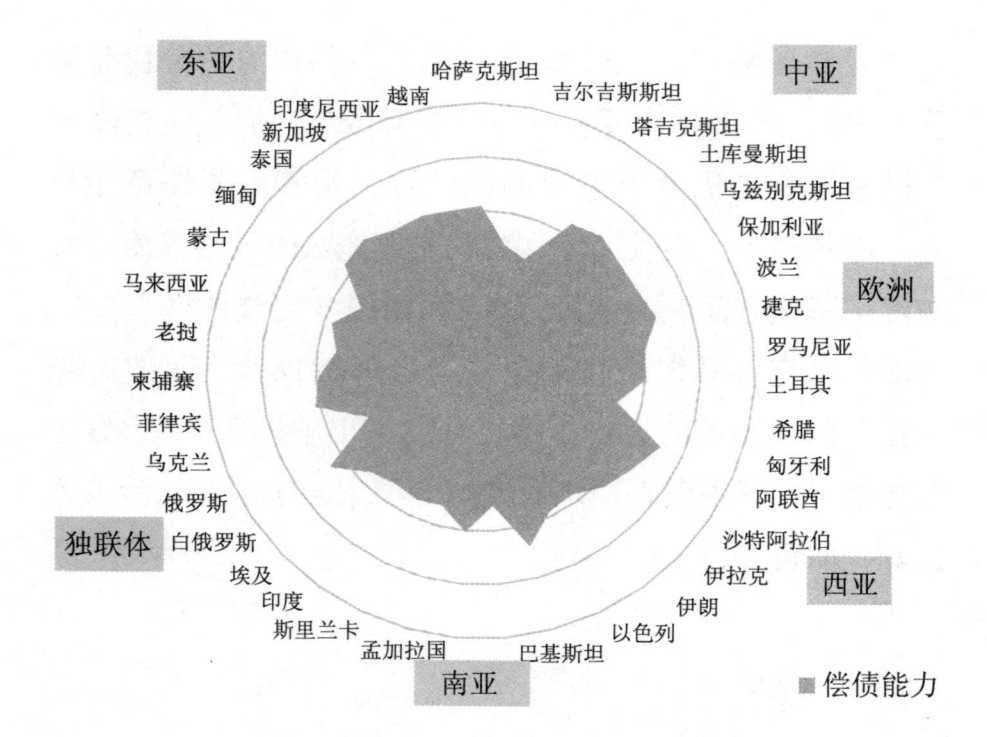

图2 "一带一路"沿线国家偿债能力评分结果

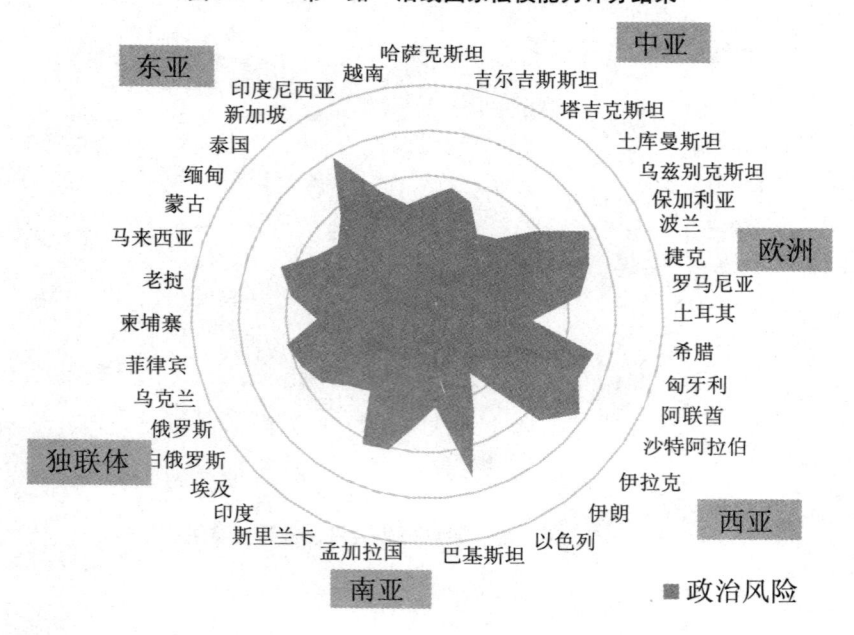

图3 "一带一路"沿线国家政治风险评分结果

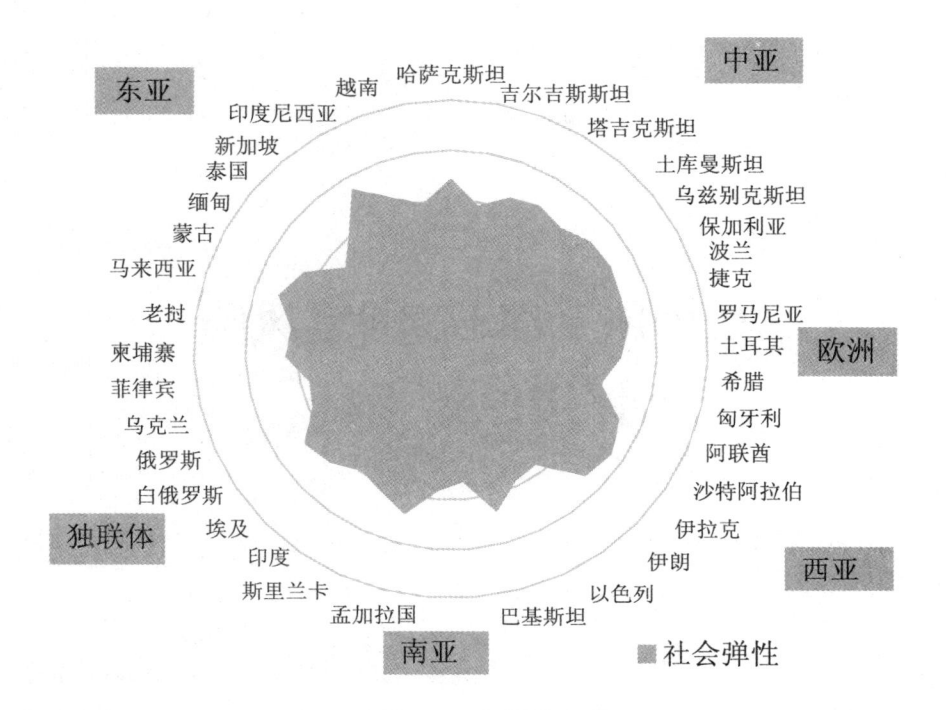

图4 "一带一路"沿线国家社会弹性评分结果

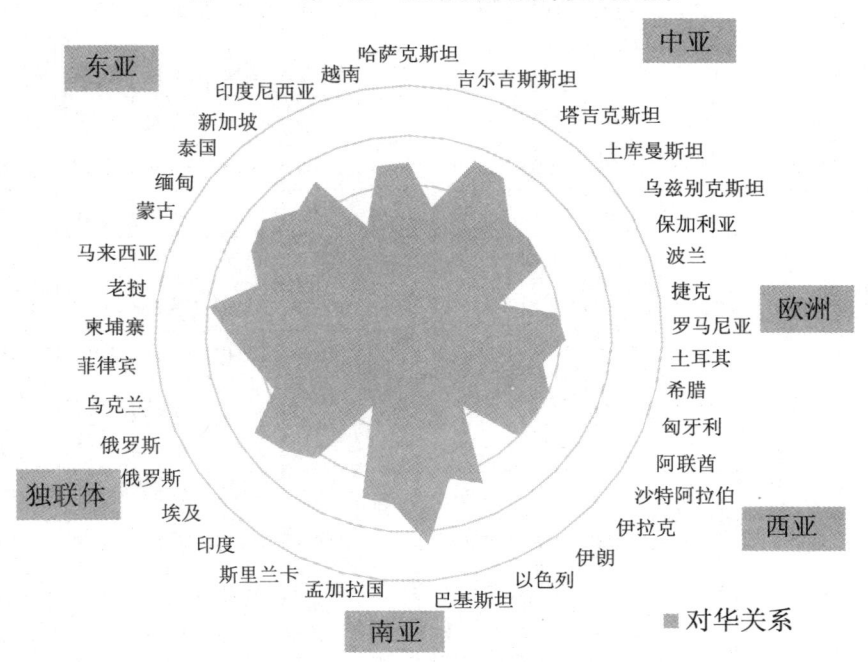

图5 "一带一路"沿线国家对华关系评分结果

CROIC – IWEP 国家风险评级原始指标

表1　　　　　　　　　　　GDP 总量　　单位：百亿美元（10 billion – dollar）

年份 国家	2009	2010	2011	2012	2013	2014	2015	2016	2017	2018
阿根廷	37.85	46.28	55.98	60.77	62.21	54.02	62.86	54.17	62.89	47.54
阿联酋	25.35	28.60	34.75	37.23	40.23	40.16	37.03	37.50	40.72	43.26
埃及	18.90	21.89	23.60	26.28	27.20	28.65	33.08	33.08	33.63	24.95
埃塞俄比亚	3.24	2.99	3.20	4.33	4.75	5.48	6.15	6.92	7.84	8.38
安哥拉	7.55	8.25	10.41	11.53	12.42	13.14	10.26	9.19	12.24	11.45
澳大利亚	92.63	114.13	138.81	153.44	156.04	145.38	133.95	125.66	135.97	142.78
巴基斯坦	16.82	17.74	21.38	22.46	23.23	24.69	27.00	27.00	28.37	30.69
巴西	166.46	220.94	261.52	241.32	239.21	234.61	177.47	176.96	214.09	190.94
白俄罗斯	4.92	5.52	5.97	6.36	7.31	7.61	5.46	4.81	5.47	5.69
保加利亚	5.02	4.87	5.58	5.26	5.45	5.57	4.90	5.04	5.23	6.37
波兰	43.65	47.67	52.44	49.62	52.61	54.80	47.48	46.74	48.29	54.95
德国	341.30	341.22	375.19	353.32	373.03	385.26	335.58	349.49	342.33	402.91
俄罗斯	122.26	152.49	190.48	201.61	207.90	186.06	132.60	126.78	156.07	157.65
法国	269.38	264.70	286.25	268.14	281.02	282.92	242.17	248.83	242.04	279.47

续表

年份 国家	2009	2010	2011	2012	2013	2014	2015	2016	2017	2018
菲律宾	16.83	19.96	22.41	25.02	27.21	28.46	29.20	31.17	32.97	33.17
哈萨克斯坦	11.53	14.80	18.80	20.35	23.19	21.22	18.44	12.81	15.79	18.42
韩国	90.19	109.45	120.25	122.28	130.56	141.04	137.79	140.44	149.81	165.56
荷兰	85.81	83.64	89.37	82.31	85.35	86.95	75.25	76.99	76.27	90.99
吉尔吉斯斯坦	0.47	0.48	0.62	0.66	0.73	0.74	0.66	0.58	0.69	0.80
加拿大	137.08	161.40	178.88	183.27	183.90	178.67	155.05	153.23	160.03	173.37
柬埔寨	1.04	1.12	1.28	1.41	1.52	1.67	1.80	1.94	2.10	2.41
捷克	20.57	20.70	22.73	20.68	20.88	20.55	18.18	19.35	19.61	24.45
肯尼亚	3.70	4.00	4.20	5.04	5.49	6.09	6.34	6.92	7.51	8.96
老挝	0.58	0.72	0.83	0.94	1.12	1.18	1.23	1.38	1.50	1.82
罗马尼亚	16.43	16.48	18.26	16.94	18.96	19.90	17.80	18.65	18.98	23.94
马来西亚	20.23	24.75	28.93	30.50	31.32	32.69	29.62	30.27	30.99	34.73
美国	1441.87	1496.44	1551.79	1616.32	1676.81	1741.90	1794.70	1856.19	1941.71	2051.30
蒙古	0.46	0.72	1.04	1.23	1.25	1.20	1.18	1.12	1.03	1.27
孟加拉国	10.25	11.53	12.86	13.34	15.00	17.38	19.51	22.68	24.89	28.63
缅甸	N/A	N/A	N/A	7.47	5.87	6.43	6.49	6.83	7.24	7.15
墨西哥	89.49	105.11	117.12	118.67	126.22	128.27	114.43	106.36	98.73	119.93
南非	29.59	37.53	41.66	39.74	36.61	34.98	31.28	28.04	31.76	37.67
尼日利亚	16.95	36.91	41.17	46.10	51.50	56.85	48.11	41.51	40.06	39.75
日本	503.51	549.54	590.56	595.45	491.96	460.15	412.33	473.03	484.12	507.06
沙特阿拉伯	42.91	52.68	66.95	73.40	74.43	74.62	64.60	63.78	70.74	76.99
斯里兰卡	4.21	4.96	5.92	5.94	6.72	7.49	8.23	8.22	8.40	9.25
苏丹	5.31	6.56	6.73	6.27	6.65	7.38	8.41	9.43	11.59	3.32
塔吉克斯坦	0.50	0.56	0.65	0.76	0.85	0.92	0.79	0.66	0.72	0.74
泰国	26.37	31.89	34.57	36.60	38.73	37.38	39.53	39.06	43.29	49.01
土耳其	61.46	73.12	77.48	78.89	82.32	79.95	71.82	73.57	79.37	71.35
土库曼斯坦	2.02	2.21	2.92	3.52	4.10	4.79	3.73	3.66	4.24	4.28

续表

国家＼年份	2009	2010	2011	2012	2013	2014	2015	2016	2017	2018
委内瑞拉	32.94	39.38	31.65	38.13	37.13	51.00	45.55	33.37	25.16	9.63
乌克兰	11.72	13.64	16.32	17.58	18.33	13.18	9.06	8.72	9.59	12.64
乌兹别克斯坦	3.28	3.93	4.53	5.12	5.68	6.26	6.67	6.68	6.83	4.33
希腊	32.99	29.96	28.88	24.95	24.22	23.76	19.52	19.59	19.31	21.81
新加坡	19.24	23.64	27.54	28.99	30.22	30.79	29.27	29.66	29.19	34.66
新西兰	12.05	14.53	16.61	17.44	18.84	18.58	17.38	17.94	19.80	20.60
匈牙利	12.94	12.96	13.94	12.68	13.34	13.71	12.07	11.71	12.53	15.64
伊拉克	11.17	13.85	18.57	21.80	23.25	22.05	16.86	15.63	18.94	23.09
伊朗	36.27	42.26	57.66	55.79	49.38	41.53	42.67	41.23	36.85	43.01
以色列	20.65	23.29	25.84	25.72	29.06	30.42	29.61	31.17	34.00	36.56
意大利	218.62	212.67	227.81	207.52	213.69	214.43	181.48	185.25	180.74	208.69
印度	136.54	170.85	183.58	183.18	186.18	206.69	207.35	225.10	245.45	269.00
印度尼西亚	53.96	75.51	89.30	91.79	91.05	88.85	86.19	94.10	102.05	100.53
英国	230.90	240.79	259.20	261.49	267.82	294.19	284.88	264.99	249.68	280.89
越南	10.60	11.59	13.55	15.58	17.12	18.62	19.36	20.05	21.58	24.14
赞比亚	1.53	2.03	2.37	2.49	2.68	2.71	2.12	2.06	2.31	2.58

数据来源：WEO，CEIC。

表2　　　　　　　　　　　　人均 GDP　　　　　　单位：千美元（thousand – dollar）

国家＼年份	2009	2010	2011	2012	2013	2014	2015	2016	2017	2018
阿根廷	9.28	11.23	13.44	14.44	14.62	12.57	14.57	12.43	14.27	10.67
阿联酋	32.91	34.34	39.78	41.59	44.51	44.20	40.44	38.05	40.16	41.48
埃及	2.35	2.67	2.82	3.07	3.10	3.20	3.61	3.61	3.51	2.57
埃塞俄比亚	0.38	0.34	0.36	0.47	0.50	0.57	0.62	0.76	0.85	0.89
安哥拉	3.68	3.89	4.74	5.08	5.30	5.42	4.10	3.36	4.34	3.92
澳大利亚	42.70	51.80	62.13	67.51	67.47	61.89	56.33	51.59	55.22	56.70
巴基斯坦	1.01	1.04	1.23	1.27	1.28	1.33	1.43	1.43	1.47	1.53

续表

国家\年份	2009	2010	2011	2012	2013	2014	2015	2016	2017	2018
巴西	8.46	11.12	13.04	11.92	11.71	11.38	8.54	8.59	10.31	9.13
白俄罗斯	5.18	5.82	6.31	6.72	7.72	8.04	5.74	5.09	5.79	6.02
保加利亚	6.74	6.58	7.59	7.20	7.50	7.71	6.82	7.09	7.39	9.08
波兰	11.44	12.53	13.78	13.04	13.83	14.42	12.49	12.31	12.72	14.47
德国	41.67	41.73	45.87	43.93	46.25	47.63	41.22	42.33	41.24	48.67
俄罗斯	8.56	10.67	13.32	14.08	14.49	12.74	9.06	8.84	10.89	10.95
法国	41.63	40.71	43.81	40.85	42.63	42.73	36.25	38.54	37.29	42.93
菲律宾	1.84	2.15	2.37	2.61	2.79	2.87	2.90	2.99	3.10	3.10
哈萨克斯坦	7.17	9.07	11.36	12.12	13.61	12.28	10.51	7.14	8.67	9.98
韩国	18.34	22.15	24.16	24.45	26.00	27.97	27.22	27.63	29.11	32.05
荷兰	51.91	50.34	53.54	49.13	50.79	51.59	44.43	45.21	44.65	52.93
吉尔吉斯斯坦	0.87	0.88	1.12	1.18	1.28	1.27	1.10	0.96	1.11	1.25
加拿大	40.76	47.46	52.09	52.73	52.31	50.27	43.25	42.32	43.61	46.73
柬埔寨	0.74	0.78	0.88	0.95	1.01	1.09	1.16	1.23	1.31	1.49
捷克	19.70	19.76	21.66	19.67	19.86	19.55	17.23	18.33	18.53	23.09
肯尼亚	0.94	0.99	1.01	1.18	1.26	1.36	1.38	1.52	1.61	1.87
老挝	0.95	1.15	1.30	1.45	1.70	1.76	1.81	1.92	2.05	2.69
罗马尼亚	8.07	8.14	9.06	8.45	9.49	10.00	8.97	9.44	9.67	12.19
马来西亚	7.31	8.80	10.13	10.51	10.63	10.93	9.77	9.55	9.62	10.70
美国	47.00	48.37	49.78	51.46	52.98	54.63	55.84	57.29	59.61	62.52
蒙古	1.72	2.65	3.77	4.38	4.39	4.13	3.97	3.70	3.36	4.10
孟加拉国	0.68	0.76	0.84	0.86	0.95	1.09	1.21	1.40	1.52	1.74
缅甸	0.91	1.03	1.19	1.42	1.11	1.20	1.20	1.31	1.37	1.35
墨西哥	7.66	8.86	9.73	9.72	10.20	10.23	9.01	8.7	7.99	9.61
南非	5.91	7.39	8.08	7.59	6.89	6.48	5.69	5.02	5.59	6.56
尼日利亚	1.09	2.31	2.51	2.74	2.98	3.20	2.64	2.26	2.12	2.05
日本	39.32	42.91	46.20	46.68	38.63	36.19	32.48	37.3	38.28	40.11

续表

年份 国家	2009	2010	2011	2012	2013	2014	2015	2016	2017	2018
沙特阿拉伯	15.66	18.75	23.26	24.88	24.65	24.16	20.48	19.92	21.85	23.19
斯里兰卡	2.06	2.40	2.84	2.92	3.28	3.63	3.93	3.87	3.93	4.27
苏丹	1.18	1.42	1.60	1.66	1.73	1.88	2.09	2.38	2.84	0.79
塔吉克斯坦	0.67	0.74	0.84	0.96	1.05	1.11	0.93	0.76	0.82	0.81
泰国	3.96	4.78	5.17	5.45	5.74	5.52	5.82	5.66	6.27	7.08
土耳其	8.62	10.11	10.58	10.65	10.98	10.53	9.13	9.32	9.83	8.72
土库曼斯坦	4.06	4.39	5.72	6.80	7.83	9.03	6.95	6.69	7.65	7.41
委内瑞拉	11.53	13.58	10.75	12.77	12.27	16.61	14.89	10.76	8.00	3.30
乌克兰	2.55	2.97	3.57	3.86	4.03	3.08	2.11	2.05	2.26	2.96
乌兹别克斯坦	1.18	1.38	1.54	1.72	1.88	2.04	2.13	2.13	2.15	1.33
希腊	29.49	26.86	25.96	22.49	21.97	21.68	18.04	18.08	17.81	20.31
新加坡	38.58	46.57	53.12	54.58	55.98	56.29	52.89	53.05	51.43	61.23
新西兰	28.00	33.39	37.90	39.57	42.41	42.32	37.81	38.07	41.11	41.62
匈牙利	12.91	12.96	13.98	12.78	13.49	13.90	12.26	11.9	12.77	16.02
伊拉克	3.73	4.49	5.84	6.65	6.88	6.33	4.63	4.33	5.12	5.79
伊朗	4.94	5.69	7.67	7.33	6.40	5.32	5.33	5.12	4.53	5.22
以色列	27.58	30.55	33.28	32.51	36.05	37.03	35.33	36.56	39.13	41.18
意大利	37.00	35.88	38.36	34.85	35.48	34.96	29.85	30.29	29.75	34.35
印度	1.12	1.39	1.47	1.45	1.46	1.60	1.58	1.72	1.85	2.02
印度尼西亚	2.26	3.13	3.65	3.70	3.62	3.49	3.35	3.64	3.90	3.79
英国	37.08	38.36	40.97	41.05	41.78	45.60	43.73	40.41	37.81	42.26
越南	1.23	1.33	1.54	1.76	1.91	2.05	2.11	2.16	2.31	2.55
赞比亚	1.13	1.46	1.65	1.69	1.76	1.72	1.31	1.23	1.34	1.45

数据来源：WEO，CEIC。

表3　　　　　　　　　　　GDP 增速　　　　　　　　单位:%

国家\年份	2009	2010	2011	2012	2013	2014	2015	2016	2017
阿根廷	0.05	9.45	8.39	0.80	2.89	0.47	11.13	-2.30	2.86
阿联酋	-5.24	1.64	4.89	4.68	5.20	3.61	3.18	3.04	0.79
埃及	4.69	5.14	1.82	2.19	2.11	2.20	4.20	4.30	4.18
埃塞俄比亚	8.80	12.55	11.18	8.65	10.49	9.94	9.61	7.56	10.25
安哥拉	2.41	3.41	3.92	5.16	6.80	3.90	3.00	0.00	0.72
澳大利亚	1.73	1.96	2.32	3.73	2.51	2.47	2.26	2.77	1.96
巴基斯坦	2.83	1.61	2.75	3.51	4.41	5.41	5.54	5.74	5.70
巴西	-0.24	7.57	3.92	1.76	2.74	0.14	-3.85	-3.59	0.98
白俄罗斯	0.20	7.74	5.54	1.73	1.07	1.59	-3.89	-2.65	2.42
保加利亚	-5.01	0.66	1.98	0.49	1.07	1.71	2.97	3.44	3.56
波兰	2.62	3.71	4.77	1.82	1.71	3.37	3.65	2.68	4.55
德国	-5.64	4.09	3.59	0.38	0.11	1.60	1.69	1.87	2.22
俄罗斯	-7.82	4.50	4.26	3.41	1.34	0.64	-3.73	-0.22	1.55
法国	-2.94	1.97	2.08	0.18	0.66	0.18	1.16	1.19	1.82
菲律宾	1.15	7.63	3.66	6.80	7.18	6.10	5.81	6.92	6.68
哈萨克斯坦	1.20	7.30	7.50	5.00	6.00	4.30	1.20	1.00	4.00
韩国	0.71	6.50	3.68	2.29	2.90	3.31	2.61	2.83	3.06
荷兰	-3.30	1.07	1.66	-1.59	-0.73	0.87	1.99	2.14	3.16
吉尔吉斯斯坦	2.89	-0.47	5.96	-0.09	10.92	3.60	3.47	3.83	4.58
加拿大	-2.71	3.37	2.96	1.92	2.00	2.53	1.08	1.47	3.05
柬埔寨	0.09	5.96	7.07	7.31	7.36	7.03	7.04	6.88	6.81
捷克	-4.84	2.30	1.96	-0.81	-0.70	1.99	4.20	2.43	4.29
肯尼亚	3.31	8.40	6.11	4.55	5.69	5.33	5.65	5.85	4.89
老挝	7.50	8.53	8.04	8.02	8.52	7.46	7.00	7.02	6.89
罗马尼亚	-6.80	-0.94	2.31	0.35	3.50	1.76	3.74	4.82	6.95
马来西亚	-1.51	7.43	5.19	5.64	4.73	6.03	4.95	4.24	5.90
美国	-2.78	2.53	1.60	2.32	2.22	2.39	2.43	1.62	2.27

续表

年份 国家	2009	2010	2011	2012	2013	2014	2015	2016	2017
蒙古	-1.27	6.37	17.29	12.32	11.64	7.82	2.30	0.98	5.88
孟加拉国	5.05	5.57	6.46	6.52	6.01	6.12	6.55	7.11	7.28
缅甸	N/A	N/A	N/A	N/A	8.24	8.50	6.99	6.50	6.37
墨西哥	-4.70	5.11	4.04	4.01	1.39	2.12	2.55	2.30	2.04
南非	-1.54	3.04	3.21	2.22	2.21	1.52	1.28	0.28	1.32
尼日利亚	6.93	7.84	4.89	4.28	5.39	6.31	2.65	-1.54	0.81
日本	-5.53	4.65	-0.45	1.75	1.61	-0.10	0.47	1.00	1.71
沙特阿拉伯	1.83	4.76	9.96	5.38	2.67	3.47	3.49	1.74	-0.74
斯里兰卡	3.54	8.02	8.25	6.34	7.25	7.37	4.79	4.38	3.11
苏丹	3.24	3.47	-1.97	-2.21	3.31	3.08	3.44	4.67	4.28
塔吉克斯坦	3.80	6.50	7.40	7.50	7.40	6.70	4.20	6.90	7.10
泰国	-2.33	7.81	0.08	6.49	2.89	0.71	2.82	3.23	3.90
土耳其	-4.83	9.16	8.77	2.13	4.19	2.87	3.98	2.88	7.42
土库曼斯坦	6.10	9.20	14.70	11.10	10.20	10.30	6.50	6.20	6.50
委内瑞拉	-3.20	-1.49	4.18	5.63	1.34	-4.00	-5.70	-18.00	-11.03
乌克兰	-14.80	4.20	5.20	0.20	0.00	-6.80	-9.90	2.31	2.50
乌兹别克斯坦	8.10	8.50	8.30	8.20	8.00	8.10	8.00	7.80	5.30
希腊	-4.39	-5.45	-8.86	-6.57	-3.90	0.77	-0.23	0.01	1.35
新加坡	-0.60	15.24	6.21	3.41	4.44	2.92	2.01	2.00	3.62
新西兰	-0.25	1.44	2.22	2.18	2.47	N/A	3.39	3.95	3.03
匈牙利	-6.55	0.79	1.81	-1.48	1.53	3.64	2.94	1.95	3.99
伊拉克	5.81	5.54	10.21	12.62	8.38	-6.43	2.10	11.00	-0.78
伊朗	2.28	6.63	3.95	-6.56	-1.92	1.46	1.88	6.54	4.30
以色列	1.90	5.75	4.19	3.00	3.25	2.77	2.49	4.04	3.33
意大利	-5.48	1.71	0.59	-2.77	-1.70	-0.43	0.76	0.88	1.50
印度	8.48	10.26	6.64	5.08	6.90	7.42	7.57	7.11	6.62
印度尼西亚	4.63	6.22	6.17	6.03	5.58	5.02	4.79	5.02	5.07

续表

国家＼年份	2009	2010	2011	2012	2013	2014	2015	2016	2017
英国	-4.31	1.91	1.65	0.66	1.66	2.55	2.33	1.81	1.79
越南	5.40	6.42	6.24	5.25	5.42	5.98	6.68	6.21	6.81
赞比亚	9.22	10.30	6.34	6.73	6.71	6.00	1.39	3.30	4.08

数据来源：WDI，CEIC。

表4　　　　　　　　　　GDP 5 年波动系数

国家＼年份	2012	2013	2014	2015	2016	2017
阿根廷	4.33	4.35	4.25	4.28	2.25	2.38
阿联酋	4.16	4.42	1.45	1.22	1.07	1.62
埃及	2.21	1.59	1.38	0.86	0.97	0.89
埃塞俄比亚	1.66	1.65	1.45	0.87	1.19	1.13
安哥拉	4.62	1.69	1.37	1.28	2.32	2.73
澳大利亚	0.96	0.78	0.67	0.50	0.43	0.30
巴基斯坦	0.81	1.03	1.47	0.97	0.71	0.51
巴西	3.00	2.90	2.79	2.74	2.81	2.59
白俄罗斯	4.14	3.23	2.95	3.01	2.36	2.48
保加利亚	3.87	2.77	0.65	0.87	1.43	1.29
波兰	1.15	1.30	1.30	1.39	0.94	1.06
德国	3.88	3.88	1.82	1.21	0.61	0.61
俄罗斯	5.48	5.16	1.75	2.80	2.07	1.67
法国	2.03	2.03	0.94	0.70	0.37	0.41
菲律宾	2.60	2.79	1.57	1.19	0.40	0.40
哈萨克斯坦	2.68	2.56	1.40	2.00	2.00	1.89
韩国	2.14	2.13	1.63	0.50	0.33	0.19
荷兰	2.32	2.01	1.36	1.20	1.26	1.13
吉尔吉斯斯坦	3.84	4.73	4.70	3.61	3.56	2.70
加拿大	2.43	2.44	0.62	0.69	0.61	0.81

续表

年份 国家	2012	2013	2014	2015	2016	2017
柬埔寨	3.03	3.11	0.57	0.17	0.20	0.18
捷克	3.17	2.87	1.56	1.87	2.03	1.97
肯尼亚	3.06	1.90	1.45	0.52	0.49	0.38
老挝	0.37	0.42	0.44	0.51	0.40	0.41
罗马尼亚	5.31	4.01	1.73	1.29	1.40	1.37
马来西亚	3.41	3.40	1.03	0.44	0.62	0.69
美国	2.23	2.24	0.36	0.41	0.39	0.52
蒙古	6.92	7.05	4.28	4.99	4.66	3.77
孟加拉国	0.62	0.62	0.38	0.24	0.40	0.52
缅甸	N/A	N/A	0.18	0.72	0.66	0.96
墨西哥	3.97	3.97	1.53	1.05	0.86	0.69
南非	2.03	1.94	0.69	0.67	0.78	0.64
尼日利亚	1.46	1.48	1.39	1.22	2.76	2.91
日本	3.76	3.78	2.02	0.82	0.55	0.57
沙特阿拉伯	3.20	3.17	2.84	2.62	1.25	1.72
斯里兰卡	1.90	1.91	0.75	2.24	1.98	0.79
苏丹	4.21	2.98	2.95	2.63	1.65	0.79
塔吉克斯坦	1.66	1.57	0.46	1.25	0.54	0.47
泰国	4.26	4.25	3.44	2.34	2.08	0.98
土耳其	5.89	5.72	3.32	2.30	1.83	1.83
土库曼斯坦	3.69	3.12	2.12	2.61	2.08	1.89
委内瑞拉	4.12	3.71	3.96	4.43	8.02	8.34
乌克兰	8.18	8.04	4.73	5.37	4.60	4.97
乌兹别克斯坦	0.53	0.19	0.19	0.12	0.15	1.04
希腊	3.11	1.98	3.60	3.84	2.91	1.58
新加坡	6.13	5.87	5.08	1.41	1.17	1.05
新西兰	1.68	1.11	N/A	0.63	0.66	0.79
匈牙利	3.38	3.47	1.85	1.84	1.92	0.88

续表

年份 国家	2012	2013	2014	2015	2016	2017
伊拉克	3.12	3.00	7.45	5.40	4.65	4.34
伊朗	4.95	5.19	5.15	4.08	4.71	5.19
以色列	1.43	1.44	1.22	0.93	0.80	0.43
意大利	2.84	2.84	1.78	1.38	1.47	1.12
印度	2.56	1.97	1.89	0.67	0.89	0.62
印度尼西亚	0.67	0.66	0.50	0.54	0.43	0.23
英国	2.52	2.63	0.68	0.55	0.58	0.45
越南	0.52	0.54	0.51	0.53	0.52	0.50
赞比亚	1.67	1.78	1.75	0.89	1.65	0.75

数据来源：WDI，CEIC。

表5　　　　　　　　　　　　贸易开放度

年份 国家	2009	2010	2011	2012	2013	2014	2015	2016	2017
阿根廷	30.84	32.96	34.10	29.75	30.19	30.92	23.16	26.11	25.01
阿联酋	109.58	123.89	132.14	134.79	131.67	132.08	176.57	205.26	172.81
埃及	54.01	52.98	51.52	51.55	34.58	33.11	34.85	29.96	44.79
埃塞俄比亚	40.04	51.37	55.17	48.31	53.83	56.18	37.17	35.79	31.45
安哥拉	109.05	102.03	106.31	101.21	94.37	66.42	75.10	65.70	57.59
澳大利亚	43.37	44.75	45.08	41.31	39.33	40.78	40.99	39.95	41.89
巴基斯坦	34.30	38.72	37.46	35.41	34.57	33.86	28.05	24.52	25.79
巴西	21.45	21.86	23.04	24.53	25.64	25.11	27.37	24.61	24.12
白俄罗斯	113.32	123.01	160.89	161.56	127.14	118.82	119.18	125.42	133.55
保加利亚	103.20	116.79	130.02	135.26	140.20	112.99	131.48	124.07	131.12
波兰	77.58	84.74	90.33	92.41	93.45	76.58	95.93	100.68	102.79
德国	73.62	81.99	87.13	87.80	86.58	86.41	86.03	84.36	86.90
俄罗斯	49.22	50.57	52.11	51.23	50.96	53.13	50.74	46.27	46.73

续表

年份 国家	2009	2010	2011	2012	2013	2014	2015	2016	2017
法国	52.48	57.29	61.28	62.74	62.14	62.71	61.36	60.58	62.87
菲律宾	63.78	69.87	63.74	60.68	59.24	60.93	60.79	64.90	70.66
哈萨克斯坦	73.98	71.70	72.41	73.74	64.94	48.79	53.30	61.80	48.71
韩国	93.12	97.80	105.73	104.48	98.57	93.44	84.84	77.68	80.78
荷兰	130.35	151.88	163.94	174.82	172.59	142.74	154.31	150.73	161.25
吉尔吉斯斯坦	129.60	132.58	129.75	144.33	136.14	158.40	107.63	117.42	102.21
加拿大	58.03	59.63	61.76	61.69	61.57	63.78	65.38	64.36	64.06
柬埔寨	120.97	131.63	155.08	168.94	178.20	169.05	141.74	126.95	124.89
捷克	123.83	144.59	158.45	165.82	168.01	181.71	162.54	153.31	151.70
肯尼亚	50.01	55.42	61.66	56.70	39.45	49.06	44.81	37.93	39.40
老挝	51.73	63.40	65.73	66.37	58.69	N/A	79.00	68.45	75.83
罗马尼亚	70.76	78.79	88.08	88.41	87.72	73.37	82.71	83.71	85.01
马来西亚	166.38	172.66	169.19	165.25	165.53	135.57	134.36	128.08	135.92
美国	24.33	27.85	30.65	30.53	29.87	29.70	28.06	28.90	19.87
蒙古	109.23	103.32	132.60	114.95	106.43	89.14	86.98	97.58	116.59
孟加拉国	40.23	45.80	52.37	49.44	49.21	40.31	42.09	37.95	35.30
缅甸	34.14	33.04	39.21	27.68	45.92	N/A	45.65	42.79	42.99
墨西哥	56.86	61.48	64.24	66.91	64.99	67.19	72.80	78.15	77.57
南非	55.26	59.42	64.96	66.03	70.01	70.34	62.81	60.50	58.18
尼日利亚	64.25	40.86	47.31	41.35	36.45	28.14	21.45	25.05	24.46
日本	27.91	31.95	33.64	33.56	37.61	40.30	36.78	36.04	28.12
沙特阿拉伯	80.25	79.60	84.00	82.36	81.57	78.64	72.53	60.86	61.68
斯里兰卡	51.72	55.77	63.43	58.65	54.01	40.18	48.48	50.52	51.07
苏丹	38.21	36.67	31.71	25.94	29.67	18.37	18.98	22.36	21.51
塔吉克斯坦	80.54	84.63	86.78	88.68	69.20	69.95	52.75	56.60	56.60
泰国	133.60	142.70	157.55	158.84	152.81	150.71	126.91	123.12	100.93
土耳其	47.90	48.40	56.29	57.20	57.38	59.11	58.78	47.08	54.17
土库曼斯坦	N/A	N/A	N/A	N/A	N/A	N/A	50.80	69.48	30.69

续表

年份 国家	2009	2010	2011	2012	2013	2014	2015	2016	2017
委内瑞拉	34.30	30.21	49.79	46.43	44.27	25.64	45.61	13.29	24.44
乌克兰	94.52	104.32	113.04	107.26	97.38	82.16	107.53	104.81	102.21
乌兹别克斯坦	64.63	56.44	57.49	51.83	51.41	51.41	42.84	42.11	58.06
希腊	44.75	50.89	55.66	59.95	62.11	65.51	60.40	60.98	67.52
新加坡	354.00	365.56	367.08	360.09	351.26	343.48	326.12	318.42	322.43
新西兰	57.43	57.53	60.12	57.80	55.67	45.27	55.94	55.15	37.97
匈牙利	151.50	168.81	182.59	185.18	185.37	187.71	175.55	174.70	172.36
伊拉克	81.07	78.12	77.55	76.28	58.35	59.39	50.41	71.82	73.95
伊朗	34.24	39.07	39.19	34.83	36.35	46.01	44.33	41.06	46.07
以色列	66.30	70.15	74.00	74.03	67.22	46.42	59.42	57.34	37.91
意大利	46.92	53.83	57.42	57.97	56.99	57.37	57.28	56.51	59.51
印度	43.52	47.25	56.08	57.89	56.59	52.27	43.76	39.81	40.64
印度尼西亚	46.37	44.44	48.54	47.77	46.78	39.89	41.94	37.39	39.54
英国	56.58	60.15	64.31	63.22	64.12	59.33	56.83	58.08	62.46
越南	133.00	150.48	165.56	160.72	167.31	154.45	178.77	184.69	200.31
赞比亚	58.80	67.46	74.23	79.59	84.86	65.68	2.39	83.07	71.63

数据来源：UNCTAD。

表6　　　　　　　　　　　投资开放度

年份 国家	2009	2010	2011	2012	2013	2014	2015	2016	2017
阿根廷	1.25	1.90	2.18	2.70	1.99	1.62	0.26	1.21	2.08
阿联酋	1.58	1.92	2.21	2.58	2.61	3.29	0.55	6.43	6.34
埃及	3.85	3.45	0.06	1.14	1.65	1.76	0.31	2.93	3.85
埃塞俄比亚	0.68	0.96	1.96	0.64	2.01	N/A	0.15	4.79	4.91
安哥拉	2.93	-2.29	-0.89	-3.60	-0.87	N/A	0.30	21.33	-0.45
澳大利亚	4.33	4.67	5.20	3.82	2.98	3.42	0.77	4.27	3.60

续表

年份 国家	2009	2010	2011	2012	2013	2014	2015	2016	2017
巴基斯坦	1.43	1.16	0.64	0.42	0.67	0.77	0.12	0.72	0.93
巴西	1.62	3.16	2.88	3.49	3.94	5.23	0.65	2.61	2.98
白俄罗斯	4.02	2.61	6.91	2.55	3.43	2.45	0.37	1.57	2.42
保加利亚	8.49	5.03	4.68	4.05	4.63	5.09	1.03	1.94	2.40
波兰	4.65	5.80	4.44	1.72	-0.63	N/A	0.67	3.83	1.91
德国	4.58	6.82	5.47	4.38	3.46	3.30	0.74	1.28	3.18
俄罗斯	6.53	6.28	6.40	4.93	7.49	4.16	0.63	5.06	4.00
法国	3.97	4.21	3.80	2.97	0.22	0.78	0.86	3.49	4.16
菲律宾	2.35	1.90	1.94	2.95	2.71	4.64	0.36	3.83	3.55
哈萨克斯坦	16.02	7.60	10.07	7.74	5.04	N/A	0.87	2.74	3.34
韩国	2.93	3.45	3.28	3.28	3.15	2.87	0.34	2.74	3.17
荷兰	4.50	-0.88	2.35	1.18	2.86	-0.43	2.36	34.69	9.85
吉尔吉斯斯坦	4.03	9.13	11.19	4.43	10.33	2.84	0.72	7.66	1.29
加拿大	4.70	3.95	5.15	5.10	6.58	6.17	0.96	6.51	6.15
柬埔寨	5.10	6.72	6.43	10.51	9.14	N/A	0.85	10.24	13.72
捷克	4.18	7.45	2.54	6.14	7.23	1.54	0.81	4.01	4.18
肯尼亚	0.44	0.45	-0.11	0.17	0.43	1.42	0.10	0.67	0.98
老挝	3.25	3.88	3.63	3.15	2.65	N/A	0.38	6.49	5.03
罗马尼亚	2.99	2.09	N/A	1.42	2.13	1.98	0.45	2.67	2.46
马来西亚	3.39	10.60	11.48	8.73	7.85	N/A	0.98	5.22	4.88
美国	3.24	4.10	4.50	3.69	4.14	2.58	0.70	3.70	3.17
蒙古	14.78	24.38	46.20	36.57	17.48	N/A	1.47	-37.33	13.89
孟加拉国	0.82	0.75	0.92	1.11	1.00	1.45	0.07	1.09	0.94
缅甸	2.55	2.59	3.92	3.00	4.47	N/A	0.32	3.21	6.42
墨西哥	3.04	3.91	3.07	3.49	4.58	2.18	0.44	2.55	3.02
南非	3.02	0.94	0.96	1.89	4.03	3.63	0.91	1.94	2.49
尼日利亚	5.95	1.89	2.35	1.87	1.09	N/A	0.21	1.34	1.27
日本	1.71	1.58	1.96	1.98	3.14	2.80	0.36	3.18	3.52

续表

年份 国家	2009	2010	2011	2012	2013	2014	2015	2016	2017
沙特阿拉伯	9.00	6.29	2.95	2.26	1.86	1.80	0.42	2.30	1.04
斯里兰卡	1.01	1.05	1.72	1.69	1.46	1.28	0.14	1.35	1.67
苏丹	4.84	4.41	4.00	3.97	4.65	N/A	0.29	1.15	1.00
塔吉克斯坦	1.91	0.14	1.07	3.06	1.27	N/A	0.29	6.12	1.94
泰国	3.42	4.30	2.80	7.41	6.90	5.50	0.72	3.73	5.98
土耳其	1.65	1.45	2.39	2.20	1.95	2.45	0.32	2.09	1.58
土库曼斯坦	22.52	16.39	11.63	8.86	7.46	N/A	0.82	10.29	6.13
委内瑞拉	-0.21	0.95	0.90	0.96	2.41	N/A	0.14	0.28	0.37
乌克兰	4.17	5.24	4.53	5.21	2.69	1.06	0.85	3.95	2.02
乌兹别克斯坦	2.57	4.14	3.64	1.32	1.90	N/A	0.15	0.09	0.20
希腊	1.58	0.74	1.01	0.94	0.93	1.28	0.28	1.29	2.36
新加坡	26.02	37.41	26.33	24.77	30.97	35.14	5.43	28.97	27.92
新西兰	-1.84	1.59	0.77	2.05	-1.11	N/A	0.55	1.24	2.04
匈牙利	-5.23	-35.27	13.74	14.60	-6.07	14.68	1.18	-11.43	2.02
伊拉克	1.50	1.10	1.32	1.78	N/A	N/A	0.17	-3.36	-2.64
伊朗	0.82	0.86	0.74	0.84	0.62	N/A	0.12	0.82	1.09
以色列	2.97	6.27	7.07	4.40	5.96	3.40	0.67	8.01	7.20
意大利	1.59	1.91	3.79	0.33	2.05	1.90	0.52	2.83	1.11
印度	3.78	2.54	2.67	1.78	1.61	2.14	0.21	2.18	2.00
印度尼西亚	1.32	2.58	3.31	3.13	3.78	4.13	0.35	-1.04	2.56
英国	-1.79	5.00	4.62	4.97	0.79	1.39	1.14	9.30	4.38
越南	7.83	7.68	6.18	6.14	6.34	N/A	0.58	6.81	6.55
赞比亚	6.29	13.94	4.67	4.13	9.36	1.96	0.89	2.34	3.66

数据来源：UNCTAD。

表7　　　　　　　　　　　　　Chinn–Ito 指数

国家＼年份	2009	2010	2011	2012	2013	2014	2015	2016
阿根廷	-0.84	-0.84	-0.84	-1.91	-1.91	-1.91	-1.91	-1.20
阿联酋	2.36	2.36	2.36	2.36	2.36	2.36	2.36	2.36
埃及	2.10	1.85	1.59	0.26	-1.20	-1.20	-1.20	-1.20
埃塞俄比亚	-1.20	-1.20	-1.20	-1.20	-1.20	-1.20	-1.20	-1.20
安哥拉	-1.91	-1.91	-1.91	-1.91	-1.91	-1.91	-1.91	-1.91
澳大利亚	1.07	1.07	1.07	1.33	1.59	1.85	2.10	2.36
巴基斯坦	-1.20	-1.20	-1.20	-1.20	-1.20	-1.20	-1.20	-1.20
巴西	0.38	0.12	-0.14	-0.14	-0.14	-0.14	-1.20	-1.20
白俄罗斯	-1.20	-1.20	-1.20	-1.20	-1.20	-1.91	-1.91	-1.20
保加利亚	2.36	2.36	2.36	2.36	2.36	2.36	2.36	2.36
波兰	0.01	0.01	0.01	0.01	0.01	0.01	1.07	1.07
德国	2.36	2.36	2.36	2.36	2.36	2.36	2.36	2.36
俄罗斯	0.12	0.38	0.64	0.89	1.15	1.15	1.15	0.89
法国	2.36	2.36	2.36	2.36	2.36	2.36	2.36	2.36
菲律宾	0.01	-1.20	-1.20	-1.20	-1.20	0.01	0.01	0.01
哈萨克斯坦	-1.20	-1.20	-1.20	-1.20	-1.20	-1.20	-1.20	-1.20
韩国	0.38	0.64	0.89	1.15	1.15	1.15	1.15	2.36
荷兰	2.36	2.36	2.36	2.36	2.36	2.36	2.36	2.36
吉尔吉斯斯坦	1.59	1.59	1.59	-0.44	-0.70	-0.70	-0.70	0.37
加拿大	2.36	2.36	2.36	2.36	2.36	2.36	2.36	2.36
柬埔寨	1.15	1.15	1.15	1.15	1.15	1.15	1.15	2.36
捷克	2.36	2.36	2.36	2.36	2.36	2.36	2.36	2.36
肯尼亚	1.07	1.07	1.07	1.07	1.07	1.07	1.07	1.07
老挝	-1.20	-1.20	-1.20	-1.20	-1.20	-1.20	-1.20	-1.20
罗马尼亚	2.36	2.36	2.36	2.36	2.36	2.36	2.36	2.36
马来西亚	-0.14	-1.20	-1.20	-1.20	-1.20	-0.14	-0.14	-0.14
美国	2.36	2.36	2.36	2.36	2.36	2.36	2.36	2.36
蒙古	0.88	1.14	1.39	1.65	1.65	1.65	1.65	1.65

续表

年份 国家	2009	2010	2011	2012	2013	2014	2015	2016
孟加拉国	-1.20	-1.20	-1.20	-1.20	-1.20	-1.20	-1.20	-1.20
缅甸	-1.91	-1.91	-1.91	-1.91	-1.91	-1.91	-1.91	-1.91
墨西哥	1.07	1.07	1.07	1.07	1.07	1.07	1.07	1.07
南非	-1.20	-1.20	-1.20	-1.20	-1.20	-1.20	-1.20	-1.20
尼日利亚	-0.62	-0.62	-0.62	-0.62	-0.62	-0.62	-0.62	-0.62
日本	2.36	2.36	2.36	2.36	2.36	2.36	2.36	2.36
沙特阿拉伯	1.07	1.07	1.07	1.07	1.07	1.07	1.07	1.07
斯里兰卡	0.01	0.01	0.01	0.01	-1.20	-1.20	-1.20	-1.20
苏丹	-1.91	-1.65	-1.40	-1.14	-0.88	-0.62	-0.62	-0.62
塔吉克斯坦	-1.20	-1.20	-1.20	-1.20	-1.20	-1.20	-1.91	-1.91
泰国	-1.20	-1.20	-1.20	-1.20	-1.20	-1.20	-1.20	-1.20
土耳其	0.01	0.01	0.01	0.01	0.01	0.01	0.01	0.01
土库曼斯坦	-1.20	-1.20	-1.20	-1.20	-1.20	-1.20	-1.20	-1.20
委内瑞拉	-1.65	-1.91	-1.91	-1.91	-1.91	-1.91	-1.91	-1.91
乌克兰	-1.91	-1.91	-1.91	-1.91	-1.91	-1.91	-1.91	-1.91
乌兹别克斯坦	-1.20	-1.91	-1.91	-1.91	-1.91	-1.91	-1.91	-1.91
希腊	2.36	2.36	2.36	2.36	2.36	2.36	1.29	1.29
新加坡	2.36	2.36	2.36	2.36	2.36	2.36	2.36	2.36
新西兰	2.36	2.36	2.36	2.36	2.36	2.36	2.36	2.36
匈牙利	2.36	2.36	2.36	2.36	2.36	2.36	2.36	2.36
伊拉克	N/A	N/A	N/A	N/A	N/A	-1.19	-1.19	-1.19
伊朗	0.01	0.01	0.01	-0.70	-0.70	-0.70	-0.70	-0.70
以色列	2.36	2.36	2.36	2.36	2.36	2.36	2.36	2.36
意大利	2.36	2.36	2.36	2.36	2.36	2.36	2.36	2.36
印度	-1.20	-1.20	-1.20	-1.20	-1.20	-1.20	-1.20	-1.20
印度尼西亚	1.07	1.07	-0.14	-0.14	-0.14	-0.14	-0.14	-0.14
英国	2.36	2.36	2.36	2.36	2.36	2.36	2.36	2.36
越南	-0.14	-0.14	-0.14	-0.14	-0.14	-0.14	-0.14	-0.14
赞比亚	2.36	2.36	2.36	2.36	2.36	2.36	2.36	2.36

数据来源：Bloomberg。

表8　　居民消费价格指数

年份 国家	2009	2010	2011	2012	2013	2014	2015	2016	2017	2018
阿根廷	6.28	10.78	9.47	10.03	10.62	N/A	10.33	39.30	25.59	31.84
阿联酋	1.56	0.88	0.88	0.66	1.10	2.34	4.07	3.55	2.80	3.53
埃及	11.76	11.27	10.05	7.12	9.42	10.15	10.36	13.97	22.00	20.86
埃塞俄比亚	8.47	8.14	33.22	22.77	8.08	7.39	10.13	9.72	6.28	12.73
安哥拉	13.73	14.47	13.47	10.29	8.78	7.28	10.28	48.00	27.01	20.46
澳大利亚	1.82	2.85	3.30	1.76	2.45	2.49	1.51	1.57	1.98	2.16
巴基斯坦	13.65	13.88	11.92	9.69	7.69	7.19	2.54	4.50	4.30	3.93
巴西	4.89	5.04	6.64	5.40	6.20	6.33	9.03	7.25	4.37	3.67
白俄罗斯	12.95	7.74	53.23	59.22	18.31	18.12	13.53	12.98	9.27	5.52
保加利亚	2.75	2.44	4.22	2.95	0.89	-1.42	-0.10	-0.80	1.00	2.62
波兰	3.83	2.71	4.26	3.56	1.03	0.11	-0.99	0.21	2.32	1.99
德国	0.31	1.10	2.08	2.01	1.50	0.91	0.23	1.17	2.02	1.81
俄罗斯	11.65	6.86	8.44	5.07	6.76	7.83	15.53	5.95	4.46	2.83
法国	0.09	1.53	2.12	1.96	0.86	0.51	0.04	0.00	1.41	1.86
菲律宾	4.22	3.79	4.65	3.17	3.00	4.13	1.43	2.89	3.61	4.95
哈萨克斯坦	7.31	7.12	8.35	5.11	5.84	6.72	6.29	9.00	8.04	6.41
韩国	2.76	2.96	4.00	2.19	1.31	1.27	0.71	1.34	1.80	1.48
荷兰	1.19	1.28	2.34	2.45	2.50	0.96	0.60	0.49	0.93	1.45
吉尔吉斯斯坦	6.90	7.97	16.50	2.69	6.61	7.53	6.50	3.33	3.57	2.91
加拿大	0.30	1.78	2.91	1.52	0.94	1.91	1.13	1.84	1.97	2.57
柬埔寨	-0.66	4.00	5.48	2.93	2.94	3.86	1.22	3.21	3.22	3.31
捷克	1.04	1.41	1.94	3.30	1.43	0.34	0.34	1.10	2.30	2.33
肯尼亚	9.23	3.96	14.02	9.38	5.72	6.88	6.58	5.63	6.47	5.04
老挝	0.04	5.98	7.58	4.26	6.36	4.14	1.28	-4.45	2.30	0.95
罗马尼亚	5.59	6.09	5.79	3.33	3.99	1.07	-0.59	-0.29	1.26	4.66

续表

年份 国家	2009	2010	2011	2012	2013	2014	2015	2016	2017	2018
马来西亚	0.58	1.71	3.20	1.66	2.11	3.14	2.10	2.10	2.70	1.00
美国	-0.36	1.64	3.16	2.07	1.46	1.62	0.12	1.82	2.65	2.40
蒙古	6.28	10.15	9.48	14.98	8.60	13.02	5.78	5.88	3.96	7.59
孟加拉国	5.42	8.13	10.70	6.22	7.53	6.99	6.19	7.03	6.39	5.96
缅甸	1.47	7.72	5.02	1.47	5.52	5.47	10.80	10.40	6.90	6.00
墨西哥	5.30	4.16	3.41	4.11	3.81	4.02	2.72	3.16	4.77	4.77
南非	7.13	4.26	5.00	5.65	5.45	6.38	4.59	6.70	6.17	4.78
尼日利亚	11.54	13.72	10.84	12.22	8.48	8.06	9.02	18.50	17.35	12.40
日本	-1.35	-0.72	-0.28	-0.03	0.36	2.75	0.79	-0.14	1.01	1.20
沙特阿拉伯	5.07	5.34	5.82	2.89	3.51	2.67	2.18	4.02	3.80	2.60
斯里兰卡	3.46	6.22	6.72	7.54	6.91	3.28	0.92	5.40	5.82	4.85
苏丹	11.25	13.25	22.11	37.39	29.96	36.91	16.91	16.50	23.18	61.76
塔吉克斯坦	6.45	6.42	12.43	5.83	5.01	6.10	5.71	6.95	5.83	5.83
泰国	-0.85	3.27	3.81	3.01	2.18	1.90	-0.90	1.31	1.35	0.92
土耳其	6.25	8.57	6.47	8.89	7.49	8.85	7.67	9.09	10.08	15.01
土库曼斯坦	4.02	10.00	11.94	8.54	9.01	10.97	-1.00	5.00	5.98	9.45
委内瑞拉	27.08	28.19	26.09	21.07	40.64	62.17	121.74	720.04	720.45	1370000
乌克兰	15.89	9.38	7.96	0.56	-0.28	12.19	48.72	12.98	11.50	10.93
乌兹别克斯坦	14.12	9.40	12.80	12.19	12.00	11.73	8.68	7.99	8.56	19.23
希腊	1.21	4.71	3.33	1.50	-0.92	-1.31	-1.74	-0.11	1.27	0.71
新加坡	0.60	2.80	5.25	4.53	2.38	1.01	-0.54	0.52	1.06	1.04
新西兰	2.12	2.30	4.43	0.88	1.30	0.86	0.23	1.39	1.54	1.40
匈牙利	4.21	4.88	3.96	5.71	1.73	-0.24	-0.07	0.80	2.50	2.81
伊拉克	6.87	2.88	5.80	6.09	1.88	2.24	-1.19	2.00	2.00	2.00
伊朗	13.50	10.14	20.63	27.36	39.27	17.24	13.71	8.00	11.24	29.57

续表

年份 国家	2009	2010	2011	2012	2013	2014	2015	2016	2017	2018
以色列	3.32	2.69	3.46	1.71	1.53	0.48	-0.63	-0.06	0.73	0.88
意大利	0.75	1.54	2.74	3.04	1.22	0.24	0.04	-0.57	1.26	1.35
印度	10.88	11.99	8.86	9.31	10.91	6.35	5.87	5.29	4.75	4.74
印度尼西亚	4.81	5.13	5.36	4.28	6.41	6.39	6.36	3.41	4.53	3.41
英国	2.17	3.29	4.48	2.82	2.55	1.46	0.05	1.50	2.45	2.51
越南	7.05	8.86	18.68	9.09	6.59	4.09	0.63	3.50	4.87	3.80
赞比亚	13.40	8.50	6.43	6.58	6.98	7.81	10.10	13.22	9.00	8.49

数据来源：WEO，CEIC。

表9　　　　　　　　　　　　　失业率　　　　　　　　　　　单位：%

年份 国家	2009	2010	2011	2012	2013	2014	2015	2016	2017	2018
阿根廷	8.60	7.70	7.20	7.20	7.50	7.30	5.90	9.19	7.37	8.89
阿联酋	4.20	4.20	4.10	4.00	3.80	N/A	3.70	3.70	3.69	1.67
埃及	9.40	9.00	12.00	12.70	12.70	13.10	12.77	12.67	12.57	10.93
埃塞俄比亚	5.40	5.40	5.40	5.40	5.70	N/A	5.18	5.18	5.74	5.20
安哥拉	7.00	6.90	6.90	6.90	6.80	N/A	6.84	6.84	6.58	8.17
澳大利亚	5.60	5.20	5.10	5.20	5.70	6.10	5.54	5.71	5.23	5.29
巴基斯坦	4.90	5.00	5.00	5.00	5.10	6.00	5.90	5.96	6.02	6.08
巴西	8.30	7.90	6.70	6.10	5.90	N/A	9.00	11.21	12.15	11.80
白俄罗斯	6.10	6.10	6.00	5.90	5.80	5.00	1.00	1.52	1.02	0.77
保加利亚	6.80	10.20	11.30	12.30	12.90	11.80	7.90	8.24	7.09	5.55
波兰	8.20	9.60	9.60	10.10	10.40	12.30	6.90	6.34	5.55	4.12
德国	7.70	7.10	5.90	5.40	5.30	6.70	6.10	4.29	4.16	3.47
俄罗斯	8.30	7.30	6.50	5.50	5.60	5.20	5.80	5.84	5.48	5.50
法国	9.10	9.30	9.20	9.90	10.40	10.00	10.20	9.84	9.64	8.84
菲律宾	7.50	7.30	7.00	7.00	7.10	6.80	5.80	5.90	6.00	5.45
哈萨克斯坦	6.60	5.80	5.40	5.30	5.20	5.10	5.10	5.04	5.04	4.95

续表

年份 国家	2009	2010	2011	2012	2013	2014	2015	2016	2017	2018
韩国	3.60	3.70	3.40	3.20	3.10	3.50	3.50	3.62	3.80	3.70
荷兰	3.40	4.50	4.40	5.30	6.70	7.40	8.20	6.70	5.40	3.90
吉尔吉斯斯坦	8.40	8.60	8.50	8.40	8.00	8.00	2.32	7.38	7.37	7.03
加拿大	8.30	8.00	7.40	7.20	7.10	6.90	6.90	7.04	6.87	6.11
柬埔寨	0.19	0.40	0.30	0.20	0.30	0.30	0.16	0.16	0.27	0.22
捷克	6.70	7.30	6.70	7.00	6.90	7.70	4.46	4.14	3.80	2.50
肯尼亚	9.40	9.30	9.30	9.20	9.20	N/A	9.17	9.17	11.00	11.47
老挝	1.40	1.40	1.40	1.40	1.40	N/A	1.37	1.37	1.48	0.67
罗马尼亚	6.90	7.30	7.40	7.00	7.30	5.20	5.13	6.40	5.40	4.70
马来西亚	3.70	3.40	3.10	3.00	3.20	3.00	3.20	3.15	3.35	3.23
美国	9.40	9.70	9.00	8.20	7.40	6.20	4.80	4.90	4.68	3.78
蒙古	5.90	6.50	4.80	5.20	4.90	7.70	7.60	7.95	7.96	7.96
孟加拉国	5.00	4.50	4.50	4.50	4.30	N/A	4.38	4.38	4.07	4.37
缅甸	3.50	3.50	3.40	3.30	3.40	N/A	4.00	4.00	4.00	4.00
墨西哥	5.20	5.20	5.30	4.90	4.90	4.80	4.35	4.05	4.41	3.49
南非	23.70	24.70	24.70	25.00	24.90	25.10	25.35	26.32	27.40	27.93
尼日利亚	7.60	7.60	7.60	7.50	7.50	N/A	7.50	12.10	5.01	7.04
日本	5.00	5.00	4.50	4.30	4.00	3.60	3.40	3.18	3.06	2.87
沙特阿拉伯	5.40	5.40	5.80	5.60	5.70	5.70	5.60	5.60	5.53	5.52
斯里兰卡	5.90	4.90	4.20	4.00	4.20	4.40	4.70	4.00	4.00	4.40
苏丹	14.80	14.80	14.80	14.80	15.20	N/A	14.72	20.60	19.60	19.50
塔吉克斯坦	11.50	11.60	11.30	11.00	10.70	N/A	11.01	11.01	10.82	10.28
泰国	1.50	1.00	0.70	0.70	0.70	0.80	0.90	0.75	0.70	0.70
土耳其	14.00	11.90	9.80	9.20	10.00	10.00	10.31	10.17	11.49	10.97
土库曼斯坦	10.90	10.90	10.90	10.80	10.60	N/A	10.59	10.59	8.62	3.40
委内瑞拉	7.80	8.60	8.30	8.10	7.50	7.00	6.82	18.15	25.35	34.32
乌克兰	8.80	8.10	7.90	7.50	7.90	9.30	9.13	9.00	9.04	9.38
乌兹别克斯坦	11.00	11.00	11.00	10.90	10.70	N/A	10.68	10.68	8.90	7.18

续表

年份 国家	2009	2010	2011	2012	2013	2014	2015	2016	2017	2018
希腊	9.50	12.50	17.70	24.20	27.30	26.50	24.96	23.27	21.89	19.85
新加坡	4.30	3.10	2.90	2.80	2.80	2.70	1.69	2.00	2.10	2.00
新西兰	6.10	6.50	6.50	6.90	6.20	5.70	5.75	5.30	4.98	4.49
匈牙利	10.00	11.20	10.90	10.90	10.20	7.70	6.80	6.02	4.42	3.88
伊拉克	15.20	15.20	15.20	15.10	16.00	N/A	15.89	15.89	16.05	8.16
伊朗	12.00	13.50	13.30	13.10	13.20	10.50	10.96	11.29	12.53	12.85
以色列	7.50	6.60	5.60	6.90	6.30	5.90	5.25	5.24	4.84	3.86
意大利	7.80	8.40	8.40	10.70	12.20	12.70	11.89	11.46	11.35	10.77
印度	3.90	3.50	3.50	3.60	3.60	N/A	3.60	3.60	3.46	3.52
印度尼西亚	7.90	7.10	6.60	6.10	6.30	5.90	6.18	5.60	5.40	5.20
英国	7.80	7.90	7.80	8.00	7.50	6.20	5.09	4.96	4.91	4.07
越南	2.60	2.60	2.00	1.80	2.00	2.10	3.37	2.40	2.40	2.20
赞比亚	15.60	13.20	13.20	13.10	13.30	N/A	13.22	13.22	7.53	7.79

数据来源：WEO，CEIC。

表10　　　　　　　　　　**基尼系数**

年份 国家	2018
阿根廷	43.57
阿联酋	37.21
埃及	30.75
埃塞俄比亚	33.00
安哥拉	42.66
澳大利亚	33.00
巴基斯坦	29.60
巴西	52.67
白俄罗斯	26.46
保加利亚	35.40
波兰	32.78

续表

年份 国家	2018
德国	30.63
俄罗斯	42.00
法国	30.10
菲律宾	43.03
哈萨克斯坦	28.90
韩国	30.20
荷兰	25.10
吉尔吉斯斯坦	33.39
加拿大	33.68
柬埔寨	31.82
捷克	24.90
肯尼亚	42.50
老挝	36.22
罗马尼亚	27.33
马来西亚	46.21
美国	48.00
蒙古	36.50
孟加拉国	32.12
缅甸	37.61
墨西哥	48.07
南非	62.50
尼日利亚	42.95
日本	37.90
沙特阿拉伯	37.21
斯里兰卡	36.40
苏丹	35.29
塔吉克斯坦	30.77

续表

国家 \ 年份	2018
泰国	39.37
土耳其	40.04
土库曼斯坦	40.80
委内瑞拉	39.00
乌克兰	34.40
乌兹别克斯坦	35.19
希腊	34.74
新加坡	46.40
新西兰	36.20
匈牙利	28.94
伊拉克	29.54
伊朗	44.50
以色列	37.60
意大利	31.90
印度	33.60
印度尼西亚	38.14
英国	32.40
越南	35.62
赞比亚	57.49

数据来源：WDI，CEIC，CIA。

表11　公共债务/GDP

国家 \ 年份	2009	2010	2011	2012	2013	2014	2015	2016	2017	2018
阿根廷	47.63	39.16	35.76	37.33	40.22	48.56	56.51	51.75	49.44	62.70
阿联酋	24.08	22.24	17.61	17.09	11.66	12.07	19.42	18.97	19.13	17.81
埃及	73.03	73.17	76.63	78.90	89.03	90.47	87.66	94.63	100.38	92.52
埃塞俄比亚	24.90	27.43	25.74	20.94	21.55	21.86	48.62	57.37	56.93	59.49
安哥拉	49.88	39.80	32.20	29.61	35.16	38.04	62.33	77.71	61.27	80.52

续表

年份 国家	2009	2010	2011	2012	2013	2014	2015	2016	2017	2018
澳大利亚	16.76	20.50	24.24	27.86	30.72	34.26	36.83	40.94	42.90	40.51
巴基斯坦	59.13	61.46	59.53	63.96	64.27	64.22	64.40	66.13	65.22	72.54
巴西	65.04	63.03	61.23	63.54	62.22	65.22	73.70	78.28	81.16	88.44
白俄罗斯	34.69	39.50	45.90	38.46	38.29	37.89	59.91	54.93	58.03	55.92
保加利亚	15.08	14.65	14.83	17.08	17.59	26.90	26.90	29.65	24.48	23.32
波兰	50.26	53.60	54.80	54.36	55.72	48.81	51.29	52.35	54.60	49.99
德国	72.39	80.25	77.64	79.04	76.86	73.11	71.00	68.17	64.72	59.77
俄罗斯	10.63	11.35	11.64	12.67	14.03	17.92	17.71	17.10	17.11	15.33
法国	78.76	81.46	84.95	89.23	92.42	95.14	96.79	97.15	97.40	96.69
菲律宾	44.34	43.46	41.41	40.59	39.09	37.23	37.13	33.38	32.56	39.79
哈萨克斯坦	10.23	10.68	10.41	12.39	12.86	15.12	23.29	21.37	21.80	17.80
韩国	31.22	31.00	31.73	32.32	33.90	35.72	35.94	38.91	38.58	40.36
荷兰	56.39	59.01	61.26	66.52	68.61	68.31	67.61	63.53	59.70	53.10
吉尔吉斯斯坦	58.07	59.73	49.38	48.98	46.10	53.04	68.75	72.13	63.21	54.96
加拿大	83.00	84.56	85.33	87.94	87.66	86.52	91.47	92.09	91.16	87.26
柬埔寨	28.98	29.12	28.69	28.88	28.66	29.54	33.58	32.97	33.60	31.75
捷克	33.13	36.79	39.36	43.85	43.76	41.60	40.95	39.79	36.02	33.17
肯尼亚	41.10	44.40	43.05	40.81	42.24	48.60	52.69	52.65	54.70	56.10
老挝	63.20	62.10	56.90	62.19	60.13	62.51	64.29	61.75	71.62	66.74
罗马尼亚	23.35	30.54	33.87	37.55	38.82	40.38	39.45	39.69	40.59	37.19
马来西亚	52.80	53.51	54.21	56.25	57.71	56.95	57.41	56.63	56.00	55.10
美国	86.04	94.76	99.11	102.39	103.42	104.77	105.83	108.25	108.34	106.14
蒙古	N/A	N/A	N/A	N/A	N/A	64.29	64.29	71.62	66.74	
孟加拉国	39.54	36.62	35.30	33.82	34.66	33.86	33.95	33.97	33.68	33.36
缅甸	55.09	49.63	49.39	48.04	40.81	39.72	32.04	34.22	36.15	33.20
墨西哥	43.92	42.23	43.20	43.17	46.34	50.08	54.00	56.02	57.17	53.82
南非	30.32	34.36	37.64	40.50	43.29	45.87	50.06	51.69	52.35	55.73
尼日利亚	9.57	9.58	10.18	10.40	10.48	10.50	11.50	14.65	23.26	24.77

续表

年份国家	2009	2010	2011	2012	2013	2014	2015	2016	2017	2018
日本	210.25	215.95	229.84	236.76	242.59	246.42	248.06	250.35	239.24	238.23
沙特阿拉伯	13.99	8.45	5.40	3.59	2.15	1.57	5.81	14.12	15.55	19.39
斯里兰卡	86.06	81.91	78.45	79.17	78.32	75.88	74.43	77.19	79.55	78.00
苏丹	72.11	73.10	70.46	94.72	90.48	74.24	68.93	63.15	55.18	167.55
塔吉克斯坦	36.22	36.34	35.43	32.37	29.18	28.18	35.91	46.91	48.47	52.73
泰国	45.22	42.64	41.69	45.44	45.85	47.17	43.11	43.63	41.81	41.93
土耳其	46.03	42.28	39.14	36.15	36.18	33.49	32.61	31.67	29.83	32.33
土库曼斯坦	2.44	4.11	10.05	18.07	21.07	16.79	23.28	23.25	21.95	30.87
委内瑞拉	28.56	36.30	43.31	45.97	55.38	45.62	48.78	32.85	17.30	159.02
乌克兰	34.12	40.63	36.84	37.54	40.65	71.21	80.18	92.71	89.84	70.48
乌兹别克斯坦	10.98	9.96	9.09	8.55	8.28	8.46	10.69	15.08	13.21	19.22
希腊	126.22	145.67	170.96	156.49	174.95	177.19	178.40	183.44	180.67	188.06
新加坡	99.68	97.04	100.98	105.50	102.12	98.75	98.24	106.36	111.96	112.85
新西兰	25.46	31.52	36.46	36.88	35.52	33.98	30.36	29.89	27.45	30.36
匈牙利	78.12	80.90	81.04	78.51	77.35	76.89	75.52	75.33	73.28	71.27
伊拉克	87.38	53.23	40.57	34.58	32.10	37.02	66.10	75.84	60.00	51.77
伊朗	10.43	12.17	8.93	11.19	11.14	12.17	17.11	14.86	29.24	44.21
以色列	75.02	71.07	69.65	68.31	67.62	68.82	64.62	65.76	62.51	61.49
意大利	112.46	115.29	116.40	123.21	128.61	132.11	132.60	133.24	132.77	130.28
印度	72.53	67.46	68.10	67.45	65.53	64.96	67.20	68.49	67.79	69.55
印度尼西亚	26.48	24.53	23.11	22.96	24.90	25.03	27.25	27.49	28.17	29.83
英国	65.81	76.39	81.83	85.82	87.31	89.54	89.30	89.00	88.96	87.38
越南	46.90	48.35	46.72	48.53	52.14	58.73	59.29	62.00	63.42	57.81
赞比亚	20.52	18.89	20.57	25.47	28.82	31.06	52.95	56.13	57.73	70.88

数据来源：WDI，WEO。

表12　　　　　　　　　　　外债/GDP

国家\年份	2009	2010	2011	2012	2013	2014	2015	2016	2017
阿根廷	0.34	0.26	0.24	0.22	0.22	0.27	0.24	0.30	0.48
阿联酋	N/A	N/A	N/A	N/A	N/A	N/A	0.01	0.00	0.01
埃及	0.19	0.17	0.15	0.15	0.16	0.14	0.14	0.20	0.33
埃塞俄比亚	0.16	0.25	0.27	0.24	0.26	0.31	0.32	0.28	0.30
安哥拉	0.23	0.21	0.19	0.17	0.19	N/A	0.21	0.23	0.28
澳大利亚	1.12	1.03	0.93	0.91	0.88	0.95	1.05	1.03	1.05
巴基斯坦	0.34	0.35	0.30	0.27	0.24	N/A	0.25	0.27	0.29
巴西	0.17	0.16	0.15	0.18	0.20	0.30	0.37	0.31	0.35
白俄罗斯	0.45	0.51	0.57	0.53	0.54	0.53	0.70	0.69	0.70
保加利亚	1.10	1.03	0.85	0.96	0.97	0.88	0.78	0.71	0.64
波兰	0.64	0.67	0.62	0.74	0.73	0.65	0.69	0.70	0.69
德国	1.54	1.57	1.46	1.75	1.61	1.45	1.47	1.43	1.37
俄罗斯	0.38	0.32	0.28	0.32	0.35	0.32	0.39	0.33	0.33
法国	1.92	1.95	1.83	2.01	1.98	1.94	2.06	2.07	2.08
菲律宾	0.33	0.30	0.27	0.25	0.22	0.27	0.27	0.23	0.22
哈萨克斯坦	0.95	0.81	0.66	0.67	0.64	0.74	0.83	1.01	0.92
韩国	0.38	0.33	0.33	0.33	0.32	0.30	0.29	0.25	0.25
荷兰	4.99	5.04	4.78	5.36	5.30	4.78	5.35	5.11	5.17
吉尔吉斯斯坦	0.88	0.86	0.89	0.91	0.93	N/A	1.15	1.15	1.01
加拿大	0.75	0.71	0.69	0.78	0.76	0.83	1.00	1.12	1.15
柬埔寨	0.33	0.33	0.34	0.40	0.42	N/A	0.50	0.47	0.46
捷克	0.44	0.47	0.42	0.50	0.66	0.61	0.69	0.71	0.86
肯尼亚	0.23	0.22	0.25	0.23	0.25	N/A	0.25	0.25	0.25
老挝	0.99	0.80	0.81	0.79	0.77	N/A	0.46	0.74	0.74
罗马尼亚	0.73	0.75	0.71	0.77	0.71	0.58	0.55	0.51	0.46
马来西亚	0.59	0.55	0.51	0.64	0.68	0.65	0.66	0.65	0.63
美国	0.95	0.97	1.00	0.97	0.98	0.99	0.99	0.93	0.93

续表

年份 国家	2009	2010	2011	2012	2013	2014	2015	2016	2017
蒙古	0.65	0.83	0.93	1.25	1.51	N/A	1.84	2.34	2.12
孟加拉国	0.24	0.22	0.21	0.20	0.19	0.20	0.20	0.16	0.18
缅甸	N/A	N/A	N/A	0.11	0.13	N/A	0.11	0.09	0.09
墨西哥	0.23	0.25	0.26	0.32	0.35	0.33	0.37	0.42	0.37
南非	0.28	0.29	0.28	0.37	0.38	0.42	0.40	0.44	0.45
尼日利亚	0.04	0.02	0.02	0.02	0.03	N/A	0.05	0.07	0.08
日本	0.41	0.47	0.53	0.51	0.57	0.59	0.71	0.70	0.71
沙特阿拉伯	N/A	N/A	N/A	N/A	N/A	N/A	0.01	0.00	0.01
斯里兰卡	0.39	0.40	0.37	0.40	0.37	0.57	0.54	0.56	0.56
苏丹	0.40	0.34	0.31	0.35	0.34	N/A	0.31	0.18	0.64
塔吉克斯坦	0.54	0.55	0.51	0.48	0.42	N/A	0.45	0.68	0.75
泰国	0.31	0.33	0.32	0.37	0.35	0.38	0.33	0.30	0.31
土耳其	0.45	0.41	0.39	0.43	0.47	0.50	0.55	0.50	0.63
土库曼斯坦	0.03	0.02	0.02	0.01	0.01	N/A	0.01	0.01	0.01
委内瑞拉	0.25	0.25	0.35	0.31	0.32	N/A	0.26	0.50	1.20
乌克兰	0.89	0.92	0.83	0.77	0.81	0.96	1.31	1.15	0.95
乌兹别克斯坦	0.21	0.20	0.19	0.17	0.19	N/A	0.20	0.20	0.36
希腊	1.79	1.82	1.66	2.32	2.38	2.17	2.47	2.33	2.25
新加坡	4.68	4.50	4.18	4.29	4.38	4.32	4.30	4.45	4.04
新西兰	N/A	N/A	1.12	1.15	1.02	N/A	0.98	0.91	0.92
匈牙利	1.86	1.67	1.51	1.59	1.48	1.33	1.30	1.12	1.02
伊拉克	N/A	N/A	N/A	N/A	N/A	N/A	0.01	0.03	0.03
伊朗	0.05	0.05	0.03	0.01	0.02	N/A	0.01	0.02	0.01
以色列	0.45	0.46	0.40	0.38	0.33	0.32	0.30	0.26	0.24
意大利	1.17	1.15	1.04	1.22	1.23	1.15	1.25	1.22	1.25
印度	0.19	0.17	0.18	0.22	0.23	0.22	0.23	0.19	0.19
印度尼西亚	0.33	0.26	0.25	0.27	0.29	0.33	0.36	0.31	0.35

续表

国家＼年份	2009	2010	2011	2012	2013	2014	2015	2016	2017
英国	3.90	3.83	3.73	3.72	3.51	3.13	2.90	3.00	3.06
越南	0.31	0.39	0.39	0.38	0.38	N/A	0.38	0.35	0.34
赞比亚	0.25	0.22	0.21	0.22	0.21	N/A	0.25	0.35	0.35

数据来源：QEDS，WDI。

注：阿联酋和沙特阿拉伯外债数据取世界其他国家最小值。

表13　　　　　　　　短期外债/总外债

国家＼年份	2009	2010	2011	2012	2013	2014	2015	2016	2017
阿根廷	15.53	14.07	19.84	19.43	16.27	19.79	25.31	22.63	23.48
阿联酋	N/A	N/A	N/A	N/A	N/A	N/A	22.12	25.03	38.88
埃及	7.30	8.62	8.61	16.64	6.34	8.04	9.26	17.91	13.25
埃塞俄比亚	0.87	4.28	2.03	0.35	1.48	1.50	1.52	11.45	3.01
安哥拉	15.24	1.07	0.87	0.82	0.73	0.68	0.63	0.65	0.48
澳大利亚	2.13	5.56	5.28	2.89	1.84	23.01	24.44	25.00	24.00
巴基斯坦	2.60	3.70	3.96	4.26	3.40	8.55	1.84	9.47	9.78
巴西	14.13	18.59	10.43	7.40	6.94	8.09	7.69	8.36	7.61
白俄罗斯	41.15	41.78	39.63	34.47	34.75	32.04	29.98	28.95	24.25
保加利亚	32.14	30.10	27.23	27.20	25.36	24.87	22.61	22.70	22.68
波兰	N/A	N/A	N/A	N/A	N/A	N/A	11.15	15.29	13.42
德国	11.09	10.70	15.68	11.99	9.77	31.20	33.60	36.73	38.18
俄罗斯	1.08	0.92	0.92	0.73	0.59	10.31	8.15	8.82	9.81
法国	19.63	19.49	19.56	15.73	14.19	36.15	37.16	38.00	39.66
菲律宾	7.18	10.36	11.49	13.82	18.50	20.92	19.49	20.00	19.18
哈萨克斯坦	6.37	7.44	7.04	6.71	6.33	6.17	4.20	4.25	4.41
韩国	N/A	N/A	N/A	N/A	N/A	27.10	28.95	28.57

续表

年份 国家	2009	2010	2011	2012	2013	2014	2015	2016	2017
荷兰	24.28	20.35	20.48	13.35	13.07	22.42	21.19	23.59	21.28
吉尔吉斯斯坦	10.29	4.74	3.43	3.54	4.52	4.55	4.58	4.43	4.44
加拿大	14.39	9.33	12.42	13.76	13.79	32.48	36.00	33.89	32.00
柬埔寨	7.90	7.48	11.15	18.37	19.20	17.00	14.79	17.35	16.36
捷克	1.62	2.17	3.78	3.18	3.10	27.58	31.97	35.71	46.19
肯尼亚	11.78	11.42	15.76	12.46	17.47	16.10	14.73	12.90	10.45
老挝	3.44	0.31	0.92	0.64	9.33	8.41	7.49	7.36	5.40
罗马尼亚	18.74	21.04	22.95	19.96	19.26	10.68	13.30	13.40	13.64
马来西亚	36.53	37.76	44.05	47.57	48.72	44.04	39.36	39.86	41.82
美国	23.47	17.42	13.38	12.34	11.82	31.61	29.43	28.89	28.95
蒙古	8.31	6.17	6.06	5.87	8.26	9.77	11.27	10.83	11.85
孟加拉国	7.86	11.45	13.56	6.58	5.24	10.01	17.31	19.02	22.00
缅甸	13.28	13.05	14.42	14.52	12.24	12.15	12.05	12.35	11.79
墨西哥	14.71	21.91	22.08	24.81	24.33	21.48	16.69	13.17	12.05
南非	26.16	20.28	17.68	19.24	19.49	24.15	23.42	21.43	19.41
尼日利亚	0.00	0.00	0.00	0.00	0.00	0.00	0.00	0.00	0.00
日本	41.10	44.62	50.59	54.16	53.92	75.13	74.66	73.53	72.22
沙特阿拉伯	N/A	N/A	N/A	N/A	N/A	N/A	22.12	25.03	38.88
斯里兰卡	1.61	2.95	0.00	0.11	0.02	16.92	16.91	15.53	14.81
苏丹	31.90	32.05	25.55	25.02	24.01	24.12	24.22	24.24	23.93
塔吉克斯坦	2.79	3.95	3.88	0.43	3.52	2.49	1.46	16.73	14.91
泰国	41.20	47.64	43.02	43.35	44.29	32.20	31.80	34.62	36.00
土耳其	17.67	25.85	26.80	29.83	33.25	32.74	25.69	24.50	26.67
土库曼斯坦	11.30	10.35	10.52	18.03	13.11	11.54	9.97	11.72	21.47
委内瑞拉	23.08	21.28	17.26	16.31	20.29	23.77	27.25	24.07	25.43
乌克兰	19.04	21.78	24.15	25.58	23.58	16.05	14.31	14.55	14.17
乌兹别克斯坦	2.35	3.05	4.34	3.80	3.95	3.86	3.76	3.82	2.97
希腊	N/A	N/A	N/A	N/A	N/A	N/A	35.44	33.33	26.53

续表

年份\国家	2009	2010	2011	2012	2013	2014	2015	2016	2017
新加坡	N/A	N/A	N/A	N/A	N/A	N/A	76.41	73.85	78.57
新西兰	N/A	N/A	N/A	7.27	4.51	22.08	22.09	22.22	22.63
匈牙利	11.97	15.19	15.01	11.29	11.66	10.59	9.77	10.00	8.75
伊拉克	N/A	N/A	N/A	N/A	N/A	N/A	9.91	13.69	38.88
伊朗	48.16	57.98	54.68	12.73	20.92	15.42	9.91	13.50	40.68
以色列	21.74	16.35	14.79	14.89	14.71	36.61	34.34	36.36	37.08
意大利	N/A	N/A	N/A	N/A	N/A	27.89	34.55	36.92	
印度	18.18	19.35	23.17	23.63	21.68	18.68	16.99	18.26	19.22
印度尼西亚	13.41	16.67	17.38	18.00	18.29	15.64	12.55	13.13	13.71
英国	10.23	9.87	8.04	7.25	4.62	67.31	64.22	65.33	65.12
越南	15.68	15.47	18.77	16.73	16.15	17.16	18.16	17.41	16.18
赞比亚	12.57	26.94	6.59	6.13	5.93	9.23	12.53	9.91	9.64

数据来源：QEDS。

表14　　　　　　　　　　财政余额/GDP

年份\国家	2009	2010	2011	2012	2013	2014	2015	2016	2017	2018
阿根廷	-1.58	0.01	-1.95	-2.36	-2.00	-2.70	-7.37	-7.12	-6.12	-5.39
阿联酋	-4.28	2.01	6.34	10.91	9.94	5.99	-4.88	-3.86	-2.57	0.55
埃及	-6.90	-8.28	-9.78	-10.52	-14.08	-13.60	-11.70	-12.02	-10.86	-9.28
埃塞俄比亚	-0.93	-1.32	-1.60	-1.17	-1.94	-2.62	-2.50	-2.98	-3.11	-3.73
安哥拉	-7.36	3.45	8.68	4.59	-0.34	-2.85	-4.09	-5.35	-5.76	-0.85
澳大利亚	-4.56	-5.11	-4.48	-3.38	-3.05	-3.58	-2.77	-2.89	-2.23	-1.43
巴基斯坦	-4.95	-5.91	-6.89	-8.40	-8.13	-4.71	-5.27	-4.36	-4.28	-6.46
巴西	-3.19	-2.72	-2.47	-2.57	-3.06	-6.23	-10.30	-10.38	-9.10	-8.58
白俄罗斯	-0.38	-0.46	4.24	1.68	-0.93	0.14	-0.26	-5.33	-8.18	-2.39
保加利亚	-0.89	-3.93	-1.90	-0.45	-1.80	-3.71	-2.86	-0.76	-1.26	-0.85
波兰	-7.23	-7.63	-4.91	-3.74	-4.03	-3.45	-2.93	-2.79	-2.91	-1.49

续表

年份 国家	2009	2010	2011	2012	2013	2014	2015	2016	2017	2018
德国	-3.00	-4.05	-0.80	0.10	0.15	0.62	0.64	0.13	0.63	1.49
俄罗斯	-6.31	-3.42	1.54	0.42	-1.28	-1.19	-3.50	-3.93	-2.58	1.62
法国	-7.16	-6.80	-5.10	-4.86	-4.12	-4.19	-3.65	-3.34	-3.24	-2.64
菲律宾	-2.69	-2.36	-0.40	-0.65	-0.13	0.53	-0.01	-0.40	-1.04	-1.03
哈萨克斯坦	-1.33	1.47	5.95	4.53	5.05	1.93	-5.34	-5.65	-6.26	1.45
韩国	0.02	1.53	1.69	1.56	0.65	0.31	-0.18	0.84	0.75	2.25
荷兰	-5.46	-5.05	-4.33	-3.95	-2.28	-2.27	-1.91	-1.13	0.03	0.59
吉尔吉斯斯坦	-1.11	-5.85	-4.57	-5.66	-3.70	0.23	-1.31	-4.51	-2.99	-4.75
加拿大	-4.52	-4.93	-3.75	-3.14	-2.81	-1.76	-1.69	-2.54	-2.39	-1.24
柬埔寨	-4.24	-2.85	-4.08	-3.79	-2.12	-0.85	0.09	-2.58	-3.22	-3.92
捷克	-5.54	-4.48	-3.02	-3.98	-1.38	-0.95	-1.89	-0.61	-0.18	1.54
肯尼亚	-4.34	-4.41	-4.12	-5.04	-5.68	-6.78	-8.38	-7.41	-6.54	-6.56
老挝	-4.15	-3.25	-1.74	-0.51	-5.63	-3.85	-2.91	-3.04	-5.35	-4.51
罗马尼亚	-7.13	-6.30	-4.20	-2.48	-2.47	-1.87	-1.46	-2.80	-3.71	-3.56
马来西亚	-6.73	-4.66	-3.73	-3.87	-4.42	-3.68	-3.03	-3.36	-3.04	-2.74
美国	-7.69	-4.98	-2.88	-1.59	-1.70	-2.09	-3.72	-4.09	-4.05	-4.66
蒙古	-4.47	0.43	-4.01	-9.09	-8.92	-10.97	-8.28	-19.55	-10.53	-3.48
孟加拉国	-3.21	-2.68	-3.59	-2.98	-3.38	-3.01	-3.88	-4.26	-4.73	-4.29
缅甸	-4.93	-5.45	-4.63	-1.68	-2.04	-4.32	-4.68	-4.58	-4.54	-2.94
墨西哥	-5.08	-4.27	-3.34	-3.69	-3.83	-4.63	-4.08	-3.00	-2.90	-2.50
南非	-4.73	-4.79	-3.87	-4.10	-4.07	-4.10	-4.05	-3.89	-3.51	-4.55
尼日利亚	-5.97	-4.23	0.40	0.26	-2.36	-2.31	-3.98	-4.58	-5.05	-5.14
日本	-10.39	-9.30	-9.82	-8.76	-8.52	-7.68	-5.24	-5.21	-3.97	-3.71
沙特阿拉伯	-4.09	5.19	12.01	14.74	8.74	-0.45	-16.27	-13.02	-9.85	-4.55
斯里兰卡	-9.85	-7.96	-6.88	-6.45	-5.86	-5.91	-6.13	-5.43	-5.24	-4.63
苏丹	-5.08	0.28	0.21	-3.34	-2.26	-1.04	-1.69	-1.96	-2.46	-4.14
塔吉克斯坦	-5.23	-2.98	-2.14	0.56	-0.81	0.13	-2.15	-3.95	-2.46	-7.71
泰国	-3.18	-0.80	-0.59	-1.80	-0.20	-1.83	0.25	-0.37	-1.60	-0.62

续表

年份 国家	2009	2010	2011	2012	2013	2014	2015	2016	2017	2018
土耳其	-6.00	-3.43	-0.61	-1.67	-1.26	-1.50	-1.01	-1.94	-2.98	-4.02
土库曼斯坦	7.02	2.05	3.65	6.34	1.31	0.80	-0.03	-0.80	-0.75	-0.91
委内瑞拉	-8.69	-10.36	-11.59	-16.48	-14.58	-14.77	-18.68	-25.70	-14.19	-30.50
乌克兰	-6.03	-5.77	-2.76	-4.31	-4.78	-4.52	-1.17	-3.72	-2.99	-2.50
乌兹别克斯坦	2.78	4.94	8.84	8.45	2.88	1.72	0.87	0.00	-0.16	-1.56
希腊	-15.25	-11.07	-10.12	-6.32	-2.81	-2.70	-4.21	-3.36	-1.53	0.54
新加坡	-0.59	6.56	8.47	7.84	5.44	4.24	1.14	2.42	1.70	2.28
新西兰	-1.52	-5.05	-4.80	-1.57	-0.81	-0.60	0.25	-0.41	0.56	0.81
匈牙利	-4.46	-4.55	-5.24	-2.32	-2.43	-2.59	-2.23	-1.96	-2.63	-2.40
伊拉克	-12.70	-4.18	4.74	4.09	-5.84	-2.97	-14.52	-14.11	-4.25	5.61
伊朗	0.83	2.75	0.22	-0.33	-0.94	-1.39	-2.93	-1.07	0.66	-3.06
以色列	-6.22	-4.60	-3.93	-5.15	-4.09	-3.55	-3.03	-3.39	-3.33	-3.16
意大利	-5.27	-4.24	-3.49	-3.01	-2.86	-3.04	-2.63	-2.46	-2.43	-1.67
印度	-9.75	-8.40	-8.12	-7.48	-7.23	-7.15	-7.17	-6.69	-6.39	-6.62
印度尼西亚	-1.64	-1.24	-0.60	-1.59	-2.00	-2.16	-2.53	-2.50	-2.39	-2.22
英国	-10.82	-9.67	-7.64	-7.78	-5.74	-5.69	-4.43	-3.30	-2.83	-1.98
越南	-6.02	-2.76	-1.06	-6.80	-5.88	-5.37	-6.54	-6.54	-5.69	-4.65
赞比亚	-2.06	-2.43	-1.76	-3.23	-6.69	-5.57	-7.72	-8.91	-7.53	-9.78

数据来源：WEO。

表15　　　　　　　　　　　　外债/外汇储备

年份 国家	2009	2010	2011	2012	2013	2014	2015	2016	2017
阿根廷	266.09	231.37	286.91	307.80	446.30	468.05	651.81	527.78	433.96
阿联酋	N/A	N/A	N/A	N/A	N/A	N/A	4.35	0.49	0.49
埃及	100.49	98.69	188.58	255.21	268.68	276.84	359.83	319.05	251.52
埃塞俄比亚	293.81	N/A	N/A	N/A	N/A	N/A	293.81	293.81	759.88
安哥拉	124.52	85.82	67.04	60.17	73.23	N/A	90.81	116.67	190.00

续表

年份 国家	2009	2010	2011	2012	2013	2014	2015	2016	2017
澳大利亚	2492.87	2776.89	2765.27	2846.96	2600.62	2560.82	3025.50	2692.31	2343.75
巴基斯坦	414.08	359.07	361.56	445.18	737.93	N/A	383.92	380.00	556.25
巴西	118.07	122.10	114.78	118.05	134.46	195.98	187.79	186.11	181.08
白俄罗斯	391.01	565.06	431.44	417.00	587.64	789.78	1394.38	1187.50	740.74
保加利亚	298.97	292.15	274.02	247.02	266.53	244.23	182.64	154.17	151.85
波兰	352.34	339.28	330.86	335.85	359.71	352.58	360.46	309.09	345.45
德国	2929.59	2486.25	2346.82	2482.68	3021.16	2892.74	8408.34	8166.67	9322.03
俄罗斯	106.13	101.94	108.34	118.33	143.00	155.11	161.29	159.38	144.44
法国	3930.77	3111.68	3099.97	2913.86	3822.90	3817.47	9022.52	8928.57	10545.45
菲律宾	126.03	97.51	81.23	73.27	72.86	97.54	104.75	102.74	100.00
哈萨克斯坦	473.34	421.53	425.52	478.82	601.24	542.33	748.68	800.00	944.44
韩国	127.43	121.83	130.33	124.78	122.51	117.26	108.88	102.70	110.53
荷兰	10889.50	9136.07	8470.00	8047.82	9769.43	9648.20	23199.40	30000.00	36153.85
吉尔吉斯斯坦	259.98	239.16	299.54	291.57	303.96	N/A	460.53	438.89	426.32
加拿大	1892.25	2002.07	1886.62	2071.60	1938.76	1995.56	1951.69	2168.67	2298.85
柬埔寨	104.66	98.37	107.24	114.58	128.60	N/A	131.79	116.67	100.00
捷克	217.43	227.38	236.11	230.96	244.36	229.57	196.66	164.71	140.00
肯尼亚	223.13	203.69	241.19	202.55	204.15	N/A	216.53	252.32	297.30
老挝	630.26	518.12	570.34	576.42	809.01	N/A	538.45	1190.17	1116.67
罗马尼亚	270.07	258.36	269.82	279.20	274.43	265.11	278.73	269.44	275.00
马来西亚	123.69	127.48	109.98	139.60	158.04	184.44	206.73	215.05	220.00
美国	3380.84	2968.96	2886.49	2730.51	3676.13	3972.70	16623.33	16363.64	17272.73
蒙古	224.99	259.12	393.27	372.85	841.72	N/A	1733.08	2000.00	964.29
孟加拉国	238.06	230.44	297.84	205.33	153.72	158.56	141.76	128.13	151.52
缅甸	138.49	135.47	113.71	112.49	N/A	N/A	115.15	172.73	133.47
墨西哥	202.14	217.29	202.52	224.95	245.84	216.73	241.01	241.18	258.82
南非	205.44	244.48	238.20	285.81	281.33	295.35	298.25	325.58	377.78
尼日利亚	14.87	20.08	24.72	21.16	29.82	N/A	70.76	93.10	70.95

续表

年份 国家	2009	2010	2011	2012	2013	2014	2015	2016	2017
日本	198.90	236.17	240.40	237.90	221.27	216.27	243.99	283.33	300.00
沙特阿拉伯	N/A	N/A	N/A	N/A	N/A	N/A	1.15	0.08	0.08
斯里兰卡	303.43	276.54	327.52	330.97	335.57	523.56	684.61	903.85	742.86
苏丹	1930.95	2145.56	10983.41	11313.49	11616.85	N/A	15165.62	12228.57	11722.22
塔吉克斯坦	1045.91	764.63	640.07	577.55	534.95	N/A	5453.56	4454.55	859.38
泰国	58.36	61.81	62.84	73.96	80.95	89.52	85.55	76.47	75.00
土耳其	370.02	348.05	347.28	282.84	296.25	315.83	428.18	434.78	535.71
土库曼斯坦	N/A	N/A	N/A	N/A	N/A	N/A	2957.05	1897.81	6.82
委内瑞拉	238.77	327.25	396.39	403.57	585.73	N/A	1879.98	1915.54	3866.67
乌克兰	393.96	362.07	426.25	553.39	723.60	1675.42	959.96	733.33	666.67
乌兹别克斯坦	N/A	N/A	N/A	N/A	N/A	N/A	2957.05	1897.81	224.93
希腊	10732.32	8578.04	7116.26	7972.19	9984.26	8249.11	22015.01	16666.67	15806.45
新加坡	469.28	459.63	472.30	467.45	476.34	508.27	508.11	520.00	500.00
新西兰	N/A	N/A	1094.70	1138.74	1177.23	1196.59	1155.33	1000.00	904.76
匈牙利	543.08	479.98	431.73	450.81	423.02	433.55	475.94	538.46	571.43
伊拉克	N/A	N/A	N/A	N/A	N/A	N/A	4.34	14.52	12.69
伊朗	N/A	N/A	N/A	N/A	N/A	N/A	4.34	92.63	5.19
以色列	151.97	149.52	138.34	127.75	116.60	111.68	98.74	92.63	80.91
意大利	1945.74	1544.11	1390.79	1398.69	1808.54	1722.71	4822.84	4888.89	5306.12
印度	90.03	97.06	112.76	131.50	143.43	141.24	143.63	135.29	130.77
印度尼西亚	271.32	206.08	199.41	217.93	260.67	262.08	300.18	290.91	269.23
英国	13531.10	11204.26	10224.80	9246.99	9013.15	8558.06	6934.48	6250.00	6142.86
越南	201.15	360.34	391.99	231.17	252.81	N/A	263.39	202.43	168.98
赞比亚	199.48	211.07	212.75	177.00	208.52	N/A	179.42	338.33	431.43

数据来源：WDI、QEDS。

表16　　　　　　　　　　　　　　经常账户余额/GDP

国家＼年份	2009	2010	2011	2012	2013	2014	2015	2016	2017	2018
阿根廷	2.17	-0.38	-1.01	-0.37	-2.15	-1.63	-2.74	-2.65	-4.91	-3.69
阿联酋	3.10	4.21	12.65	19.75	19.00	13.52	4.90	3.71	6.92	7.21
埃及	-2.23	-1.88	-2.46	-3.64	-2.22	-0.90	-3.66	-5.97	-6.31	-2.56
埃塞俄比亚	-6.75	-1.42	-2.45	-6.92	-5.92	-6.44	-10.17	-8.99	-8.10	-6.24
安哥拉	-10.77	8.96	11.71	10.82	6.11	-2.57	-8.84	-4.78	-0.99	-2.15
澳大利亚	-4.67	-3.66	-3.08	-4.30	-3.39	-3.07	-4.65	-3.28	-2.61	-2.77
巴基斯坦	-5.52	-2.23	0.10	-2.08	-1.08	-1.28	-1.00	-1.75	-4.08	-5.92
巴西	-1.58	-3.44	-2.95	-3.01	-3.03	-4.24	-3.30	-1.31	-0.48	-1.30
白俄罗斯	-12.06	-14.47	-8.23	-2.84	-10.02	-6.64	-3.25	-3.50	-1.71	-2.50
保加利亚	-8.33	-1.73	0.33	-0.85	1.28	0.08	-0.04	2.27	4.50	2.43
波兰	-4.06	-5.40	-5.18	-3.72	-1.29	-2.10	-0.56	-0.29	0.30	-0.80
德国	5.74	5.62	6.11	7.02	6.73	7.45	8.90	8.51	7.86	8.11
俄罗斯	3.84	4.12	4.74	3.23	1.46	2.79	4.95	1.90	2.25	6.16
法国	-0.55	-0.63	-0.86	-0.97	-0.51	-0.96	-0.37	-0.75	-0.57	-0.92
菲律宾	5.01	3.60	2.52	2.78	4.19	3.78	2.48	-0.39	-0.80	-1.51
哈萨克斯坦	-3.57	0.94	5.30	0.51	0.54	2.77	-2.79	-6.46	-3.36	-0.15
韩国	3.73	2.64	1.55	4.16	6.22	5.98	7.66	7.02	5.09	4.97
荷兰	5.75	7.29	8.99	10.67	9.75	8.51	6.34	8.03	10.51	9.88
吉尔吉斯斯坦	0.87	-2.19	-2.90	3.75	-13.25	-16.00	-16.00	-11.62	-4.04	-12.27
加拿大	-2.95	-3.61	-2.77	-3.60	-3.22	-2.40	-3.59	-3.21	-2.95	-3.01
柬埔寨	-9.92	-14.88	-11.90	-13.97	-13.41	-10.12	-8.99	-8.64	-8.47	-10.78
捷克	-2.27	-3.58	-2.10	-1.56	-0.53	0.18	0.25	1.56	1.07	-0.36
肯尼亚	-4.41	-5.93	-9.21	-8.36	-8.78	-10.37	-6.69	-5.22	-6.34	-5.64
老挝	-17.77	-16.49	-15.27	-26.04	-28.42	-20.04	-17.99	-13.01	-12.12	-13.87
罗马尼亚	-4.69	-5.13	-4.98	-4.78	-1.07	-0.67	-1.23	-2.08	-3.36	-3.50
马来西亚	15.04	10.08	10.89	5.17	3.48	4.39	3.03	2.43	2.98	2.90
美国	-2.58	-2.88	-2.87	-2.64	-2.08	-2.08	-2.24	-2.31	-2.31	-2.51

续表

年份 国家	2009	2010	2011	2012	2013	2014	2015	2016	2017	2018
蒙古	-7.84	-12.96	-26.50	-27.39	-25.36	-11.28	-3.99	-6.27	-10.38	-8.28
孟加拉国	2.45	0.42	-1.02	0.69	1.18	1.33	1.86	0.59	-2.04	-3.16
缅甸	-1.17	-1.10	-1.84	-4.05	-4.88	-2.17	-5.06	-3.91	-4.31	-5.30
墨西哥	-0.88	-0.50	-1.06	-1.55	-2.43	-1.83	-2.54	-2.16	-1.68	-1.28
南非	-2.73	-1.50	-2.22	-5.13	-5.79	-5.07	-4.59	-2.79	-2.46	-3.21
尼日利亚	4.66	3.55	2.58	3.77	3.70	0.16	-3.19	0.67	2.76	2.04
日本	2.78	3.88	2.11	0.96	0.89	0.76	3.10	3.94	4.03	3.62
沙特阿拉伯	4.88	12.64	23.63	22.39	18.14	9.75	-8.67	-3.70	2.22	8.40
斯里兰卡	-0.45	-1.90	-7.07	-5.82	-3.42	-2.51	-2.34	-2.14	-2.64	-2.89
苏丹	-8.99	-2.63	-3.99	-12.79	-11.01	-5.84	-8.28	-7.55	-10.50	-14.24
塔吉克斯坦	-3.62	-9.58	-7.31	-9.20	-7.75	-2.83	-6.01	-5.21	-0.49	-4.70
泰国	7.88	3.37	2.54	-0.43	-1.16	3.74	8.00	11.71	11.22	9.15
土耳其	-1.76	-5.78	-8.94	-5.49	-6.70	-4.67	-3.74	-3.84	-5.57	-5.70
土库曼斯坦	-16.60	-12.92	-0.83	-0.88	-7.31	-6.07	-15.58	-19.92	-11.49	-8.18
委内瑞拉	0.18	1.90	4.89	0.78	1.96	2.32	-6.62	-1.64	2.04	6.13
乌克兰	-1.43	-2.22	-6.28	-8.15	-9.20	-3.86	1.72	-1.49	-1.86	-3.10
乌兹别克斯坦	3.32	7.03	5.71	1.16	2.83	1.69	0.71	0.57	3.51	-0.50
希腊	-12.35	-11.38	-10.01	-3.83	-2.04	-1.63	-0.23	-1.08	-0.80	-0.77
新加坡	16.85	23.44	22.15	17.00	16.52	18.68	18.58	19.00	18.83	18.49
新西兰	-2.18	-2.29	-2.80	-3.93	-3.18	-3.22	-3.15	-2.25	-2.72	-3.57
匈牙利	-0.80	0.28	0.75	1.76	3.82	1.51	3.51	6.04	3.15	2.32
伊拉克	-11.52	1.64	10.88	5.06	1.14	2.60	-6.55	-7.84	2.26	6.86
伊朗	2.14	4.22	10.45	6.02	6.69	3.21	0.33	4.03	2.20	1.35
以色列	3.26	3.86	2.07	0.51	2.96	4.36	5.26	3.76	2.89	2.28
意大利	-1.89	-3.41	-3.00	-0.34	1.00	1.92	1.51	2.56	2.76	1.98
印度	-2.82	-2.80	-4.29	-4.81	-1.74	-1.31	-1.05	-0.63	-1.87	-2.99

续表

年份\国家	2009	2010	2011	2012	2013	2014	2015	2016	2017	2018
印度尼西亚	1.84	0.70	0.19	-2.66	-3.18	-3.09	-2.04	-1.82	-1.71	-2.38
英国	-3.55	-3.38	-1.96	-3.77	-5.15	-4.93	-4.91	-5.22	-3.78	-3.53
越南	-6.50	-3.79	0.17	5.96	4.54	4.89	-0.06	2.94	2.45	2.16
赞比亚	5.95	7.53	4.66	5.38	-0.59	2.10	-3.91	-4.46	-3.91	-3.97

数据来源：WEO。

表17　　贸易条件

年份\国家	2009	2010	2011	2012	2013	2014	2015	2016	2017
阿根廷	137.07	115.15	108.42	112.80	107.14	100.04	105.22	94.37	99.14
阿联酋	89.92	91.11	104.51	106.90	104.66	96.26	96.53	104.74	83.02
埃及	141.78	138.03	143.21	117.38	130.47	111.10	110.91	101.69	126.14
埃塞俄比亚	54.77	70.30	83.88	62.99	64.88	67.11	60.65	56.46	45.66
安哥拉	69.15	116.51	127.71	115.04	107.77	79.44	84.56	70.51	83.58
澳大利亚	104.45	118.10	124.25	110.05	116.89	114.03	114.02	107.11	109.14
巴基斯坦	66.59	68.15	69.40	66.95	67.71	62.68	62.43	61.83	52.15
巴西	121.77	112.16	114.97	110.58	102.88	100.14	100.14	107.61	137.40
白俄罗斯	88.00	85.53	106.79	117.14	102.19	105.13	105.30	104.08	100.23
保加利亚	93.50	109.06	116.77	110.03	116.01	113.83	113.61	116.58	121.43
波兰	141.05	138.54	138.38	143.82	153.30	152.00	152.16	156.00	158.53
德国	108.94	107.54	105.84	108.84	110.26	111.57	111.74	112.85	114.25
俄罗斯	67.56	68.82	68.85	67.39	64.92	69.02	69.02	71.34	62.77
法国	89.42	88.68	85.70	87.24	88.10	88.76	88.94	90.17	90.49
菲律宾	81.47	85.64	73.75	77.52	80.77	89.17	89.40	83.86	64.98
哈萨克斯坦	86.96	110.26	130.70	106.65	96.56	110.05	108.58	96.58	82.88
韩国	104.82	102.18	98.63	98.23	101.12	101.52	101.52	107.53	113.62
荷兰	105.19	104.11	104.26	103.70	105.24	106.85	107.09	105.78	105.71
吉尔吉斯斯坦	60.11	59.65	50.56	38.50	32.22	35.88	31.44	40.58	41.43

续表

年份 国家	2009	2010	2011	2012	2013	2014	2015	2016	2017
加拿大	84.78	85.15	86.14	84.83	85.47	87.52	88.44	84.57	82.91
柬埔寨	100.27	105.52	100.43	99.27	97.52	111.45	111.45	118.10	111.06
捷克	118.17	115.39	117.71	122.05	123.71	124.65	125.33	124.02	125.27
肯尼亚	78.36	76.56	69.73	67.37	64.11	59.53	59.53	63.54	72.30
老挝	116.76	137.35	149.75	149.04	145.29	101.00	130.13	92.05	114.62
罗马尼亚	94.30	100.80	104.04	104.03	113.26	113.20	113.23	111.06	107.62
马来西亚	106.02	100.67	101.52	96.67	92.46	93.46	93.54	94.10	93.86
美国	105.95	104.56	105.21	106.59	109.08	108.18	108.18	106.41	104.06
蒙古	102.38	101.44	83.73	74.63	77.11	126.47	126.47	126.86	167.95
孟加拉国	96.05	95.92	93.83	102.26	111.26	100.02	100.02	109.17	108.46
缅甸	224.22	266.29	149.89	141.48	129.94	99.48	99.48	97.96	106.94
墨西哥	102.60	103.73	104.44	105.08	104.90	104.08	104.18	102.52	101.47
南非	82.49	93.43	86.66	77.86	75.30	86.05	73.95	88.31	81.21
尼日利亚	69.58	78.96	84.64	93.76	74.25	65.28	67.22	54.97	34.97
日本	83.30	87.82	76.20	71.38	67.96	67.29	65.85	72.27	84.04
沙特阿拉伯	78.44	91.60	108.03	97.28	89.42	76.75	84.61	59.65	52.29
斯里兰卡	84.55	73.64	58.42	56.56	63.62	67.30	67.29	65.27	61.47
苏丹	73.23	97.57	90.16	N/A	N/A	N/A	90.69	90.69	90.69
塔吉克斯坦	33.81	38.68	33.71	30.91	23.88	19.55	20.61	20.11	19.55
泰国	102.36	94.89	87.36	82.34	81.84	89.70	89.64	91.79	99.61
土耳其	142.22	120.44	109.92	126.48	118.38	127.71	127.71	131.44	140.82
土库曼斯坦	52.40	81.27	121.91	118.78	128.28	121.09	121.09	124.58	111.99
委内瑞拉	67.05	81.52	93.50	77.80	78.36	89.10	99.83	99.83	85.17
乌克兰	83.76	80.94	79.38	77.54	78.78	95.54	95.54	95.02	88.95
乌兹别克斯坦	113.91	128.85	121.17	89.18	91.32	96.34	91.61	105.95	83.25
希腊	83.98	119.01	143.32	159.97	167.29	161.57	161.97	165.92	164.55
新加坡	107.19	110.54	109.31	105.01	107.38	109.24	109.24	112.36	113.08
新西兰	99.99	105.18	104.12	100.02	102.12	102.36	102.36	100.21	97.83

续表

年份 国家	2009	2010	2011	2012	2013	2014	2015	2016	2017
匈牙利	121.81	123.57	125.11	124.18	123.67	120.31	120.5	121.21	124.18
伊拉克	70.71	77.46	112.85	108.80	95.16	97.74	92.98	76.91	73.49
伊朗	75.09	74.91	103.36	88.09	80.93	84.20	84.20	77.66	83.42
以色列	116.73	114.52	107.29	100.50	106.57	109.64	108.41	114.24	104.88
意大利	97.31	91.17	92.96	101.85	107.67	110.93	111.25	110.82	113.26
印度	77.95	78.57	79.29	73.85	81.52	84.75	84.44	83.42	89.35
印度尼西亚	85.04	77.86	75.96	66.00	65.30	65.95	65.95	68.17	71.17
英国	83.37	85.81	91.23	83.49	100.87	89.22	90.18	90.60	78.40
越南	88.36	92.17	98.26	108.96	108.25	108.85	108.85	106.58	109.56
赞比亚	111.98	134.65	124.78	106.02	103.66	101.06	101.08	90.54	81.94

数据来源：WDI。

表18　　　　　　　　　　　银行不良贷款/贷款总额　　　　　　　单位:%

年份 国家	2009	2010	2011	2012	2013	2014	2015	2016	2017
阿根廷	3.47	2.12	1.40	1.73	1.73	2.03	1.69	1.84	1.84
阿联酋	4.30	5.60	7.20	8.40	7.30	6.50	5.20	5.30	6.44
埃及	13.40	13.60	10.90	9.80	9.30	8.90	7.20	7.20	5.50
埃塞俄比亚	N/A	N/A	N/A	N/A	N/A	N/A	26.40	26.40	26.40
安哥拉	N/A	N/A	N/A	N/A	N/A	N/A	13.30	10.22	10.61
澳大利亚	2.00	2.13	1.96	1.82	1.47	1.10	0.96	0.98	0.89
巴基斯坦	12.15	14.75	16.21	14.47	12.99	12.27	11.36	10.06	8.43
巴西	4.21	3.11	3.47	3.45	2.86	2.85	3.31	3.92	3.59
白俄罗斯	4.20	3.55	4.16	5.50	4.45	4.37	6.83	12.79	12.85
保加利亚	6.42	11.92	14.97	16.63	16.88	16.75	16.77	13.17	10.43
波兰	4.29	4.91	4.66	5.20	4.98	4.89	4.34	4.05	3.94
德国	3.31	3.20	3.03	2.86	2.69	N/A	2.50	2.16	1.50
俄罗斯	9.53	8.23	6.59	6.03	6.00	6.73	8.35	9.44	10.00

续表

年份 国家	2009	2010	2011	2012	2013	2014	2015	2016	2017
法国	4.02	3.76	4.29	4.29	4.50	N/A	3.98	4.09	3.08
菲律宾	3.49	3.38	2.56	2.22	2.44	2.02	1.89	1.72	1.58
哈萨克斯坦	21.16	23.75	30.80	28.25	31.35	23.55	7.95	6.72	12.75
韩国	0.58	0.59	0.48	0.59	0.57	0.62	0.60	0.60	0.90
荷兰	3.20	2.83	2.71	3.10	3.23	3.15	2.71	2.53	2.31
吉尔吉斯斯坦	8.20	15.80	10.20	7.20	5.50	4.50	7.10	8.52	7.37
加拿大	1.27	1.19	0.84	0.65	0.57	0.52	0.51	0.60	0.45
柬埔寨	N/A	N/A	N/A	N/A	N/A	N/A	1.59	2.13	2.07
捷克	4.58	5.39	5.22	5.24	5.20	5.59	5.63	4.59	3.74
肯尼亚	8.00	6.29	4.43	4.59	5.05	5.46	5.99	11.66	10.08
老挝	N/A	N/A	N/A	N/A	N/A	N/A	3.64	3.11	3.07
罗马尼亚	7.89	11.85	14.33	18.24	21.87	15.33	12.33	9.62	7.96
马来西亚	3.63	3.35	2.68	2.02	1.85	1.65	1.60	1.61	1.55
美国	5.00	4.40	3.80	3.30	2.45	1.98	1.52	1.32	1.13
蒙古	N/A	N/A	N/A	N/A	N/A	N/A	6.64	7.10	8.46
孟加拉国	N/A	N/A	5.85	9.73	8.64	N/A	9.29	8.71	8.40
缅甸	N/A	N/A	N/A	N/A	N/A	N/A	3.64	3.11	3.11
墨西哥	2.81	2.04	2.12	2.44	3.24	2.99	2.52	2.75	2.09
南非	5.94	5.79	4.68	4.04	3.64	3.27	3.12	2.86	2.84
尼日利亚	37.25	20.14	5.77	3.71	3.39	3.72	5.32	12.82	15.13
日本	2.40	2.45	2.43	2.43	2.34	1.93	1.64	1.64	1.19
沙特阿拉伯	3.29	2.97	2.22	1.67	1.31	1.08	1.24	1.38	1.61
斯里兰卡	N/A	N/A	3.82	3.63	5.58	4.23	3.24	2.63	2.50
苏丹	N/A	N/A	N/A	N/A	N/A	N/A	5.10	5.10	3.30
塔吉克斯坦	9.65	7.48	7.22	9.51	13.59	21.21	19.06	19.06	20.39
泰国	5.22	3.89	2.93	2.43	2.30	2.51	2.68	2.99	3.07
土耳其	4.97	3.49	2.58	2.74	2.64	2.80	2.99	2.88	2.84
土库曼斯坦	0.09	0.06	0.01	0.01	N/A	N/A	0.01	0.01	0.01

续表

年份 国家	2009	2010	2011	2012	2013	2014	2015	2016	2017
委内瑞拉	3.00	3.40	1.40	0.90	0.70	0.84	0.80	0.80	0.15
乌克兰	13.70	15.27	14.73	16.54	12.89	18.98	28.03	30.47	54.54
乌兹别克斯坦	1.20	0.97	0.71	0.53	0.41	0.40	0.41	0.44	0.42
希腊	6.95	9.12	14.43	23.27	31.90	34.25	34.67	36.30	45.57
新加坡	2.03	1.41	1.06	1.04	0.87	0.76	0.92	1.22	1.40
新西兰	1.70	2.10	1.70	1.40	1.00	0.90	0.60	0.60	0.54
匈牙利	8.24	10.04	13.68	16.04	16.83	15.62	11.68	7.39	4.17
伊拉克	N/A	N/A	N/A	N/A	N/A	N/A	10.39	10.60	10.00
伊朗	N/A	N/A	N/A	N/A	N/A	N/A	10.39	10.60	10.00
以色列	1.40	3.10	3.42	3.50	2.90	2.35	1.84	1.61	1.29
意大利	9.45	10.03	11.74	13.75	16.54	17.26	17.97	17.12	14.38
印度	2.21	2.39	2.67	3.37	4.03	4.35	5.88	9.19	9.98
印度尼西亚	3.29	2.53	2.14	1.77	1.69	2.07	2.43	2.90	2.56
英国	3.51	3.95	3.96	3.59	3.11	2.65	1.44	1.42	0.81
越南	1.80	2.09	2.79	3.44	N/A	N/A	3.04	2.59	2.32
赞比亚	N/A	14.82	10.38	8.11	6.96	N/A	7.64	7.64	11.98

数据来源：WDI。

表19　　　　　　　　　　扮演国际储备货币的重要程度

年份 国家	2018
阿根廷	0.00
阿联酋	0.00
埃及	0.00
埃塞俄比亚	0.00
安哥拉	0.00
澳大利亚	0.60
巴基斯坦	0.00

续表

国家 \ 年份	2018
巴西	0.00
白俄罗斯	0.00
保加利亚	0.00
波兰	0.00
德国	0.80
俄罗斯	0.00
法国	0.80
菲律宾	0.00
哈萨克斯坦	0.00
韩国	0.20
荷兰	0.40
吉尔吉斯斯坦	0.00
加拿大	0.60
柬埔寨	0.00
捷克	0.00
肯尼亚	0.00
老挝	0.00
罗马尼亚	0.00
马来西亚	0.00
美国	1.00
蒙古	0.00
孟加拉国	0.00
缅甸	0.00
墨西哥	0.00
南非	0.00
尼日利亚	0.00

续表

国家 \ 年份	2018
日本	0.80
沙特阿拉伯	0.00
斯里兰卡	0.00
苏丹	0.00
塔吉克斯坦	0.00
泰国	0.00
土耳其	0.00
土库曼斯坦	0.00
委内瑞拉	0.00
乌克兰	0.00
乌兹别克斯坦	0.00
希腊	0.00
新加坡	0.20
新西兰	0.40
匈牙利	0.00
伊拉克	0.00
伊朗	0.00
以色列	0.00
意大利	0.40
印度	0.00
印度尼西亚	0.00
英国	0.80
越南	0.00
赞比亚	0.00

数据来源：德尔菲法。

表20　　　　　　　　　　　　　内部冲突

年份 国家	2009	2010	2011	2012	2013	2014	2015	2016	2017
阿根廷		4.00		4.00		4.00	4.00	4.00	4.00
阿联酋		2.00		3.00		3.00	2.00	2.00	1.00
埃及		6.00		6.00		7.00	7.00	7.00	7.00
埃塞俄比亚		8.00		8.00		7.00	7.00	7.00	4.00
安哥拉		7.00		7.00		6.00	6.00	6.00	4.00
澳大利亚						1.00	1.00	1.00	0.00
巴基斯坦		8.00		8.00		8.00	8.00	1.00	9.00
巴西		5.00		5.00		5.00	5.00	5.00	5.00
白俄罗斯		6.00		6.00		6.00	6.00	6.00	3.00
保加利亚		4.00		4.00		4.00	4.00	4.00	4.00
波兰		2.00		2.00		2.00	2.00	2.00	2.00
德国						1.00	1.00	1.00	0.00
俄罗斯		5.00		5.00		5.00	4.00	4.00	4.00
法国						1.00	1.00	1.00	0.00
菲律宾		6.00		6.00		6.00	7.00	7.00	6.00
哈萨克斯坦		5.00		5.00		5.00	5.00	5.00	4.00
韩国		1.00		1.00		1.00	1.00	1.00	3.00
荷兰						1.00	1.00	1.00	0.00
吉尔吉斯斯坦		7.00		7.00		7.00	7.00	7.00	0.00
加拿大						1.00	1.00	1.00	0.00
柬埔寨		8.00		8.00		8.00	8.00	8.00	5.00
捷克		1.00		1.00		1.00	1.00	1.00	0.00
肯尼亚		7.00		7.00		7.00	7.00	7.00	7.00
老挝		7.00		7.00		6.00	6.00	6.00	3.00
罗马尼亚		4.00		4.00		4.00	4.00	4.00	3.00
马来西亚		4.00		4.00		4.00	4.00	4.00	5.00
美国						1.00	1.00	1.00	0.00
蒙古		8.00		8.00		8.00	7.00	7.00	3.00
孟加拉国		7.00		7.00		7.00	7.00	7.00	7.00
缅甸		9.00		9.00		9.00	9.00	9.00	9.00

续表

年份 国家	2009	2010	2011	2012	2013	2014	2015	2016	2017
墨西哥		5.00		6.00		6.00	6.00	6.00	7.00
南非		6.00		6.00		7.00	6.00	6.00	4.00
尼日利亚		8.00		8.00		8.00	8.00	8.00	9.00
日本						1.00	1.00	1.00	0.00
沙特阿拉伯		4.00		4.00		4.00	4.00	4.00	4.00
斯里兰卡		6.00		6.00		6.00	6.00	6.00	5.00
苏丹		8.00		9.00		9.00	9.00	9.00	9.00
塔吉克斯坦		8.00		8.00		8.00	8.00	8.00	5.00
泰国		5.00		5.00		5.00	6.00	6.00	7.00
土耳其		3.00		3.00		4.00	5.00	5.00	7.00
土库曼斯坦		5.00		5.00		5.00	4.00	4.00	3.00
委内瑞拉		4.00		4.00		4.00	4.00	4.00	6.00
乌克兰		5.00		5.00		5.00	8.00	8.00	9.00
乌兹别克斯坦		7.00		7.00		7.00	7.00	7.00	4.00
希腊						1.00	1.00	1.00	0.00
新加坡		1.00		1.00		1.00	1.00	1.00	3.00
新西兰						1.00	1.00	1.00	0.00
匈牙利		1.00		1.00		1.00	1.00	1.00	3.00
伊拉克		9.00		9.00		9.00	10.00	1.00	10.00
伊朗		7.00		6.00		6.00	5.00	1.00	5.00
以色列						3.00	3.00	1.00	0.00
意大利						1.00	1.00	5.00	0.00
印度		6.00		6.00		5.00	5.00	5.00	6.00
印度尼西亚		6.00		6.00		6.00	6.00	6.00	6.00
英国						1.00	1.00	1.00	0.00
越南		5.00		5.00		5.00	5.00	5.00	3.00
赞比亚		7.00		7.00		7.00	7.00	7.00	4.00

数据来源：BTI。

表 21　　　　　　　　　　环境政策

年份国家	2009	2010	2011	2012	2013	2014	2015	2016	2017
阿根廷		4.00		4.00		4.00	4.00	5.00	6.00
阿联酋		2.00		3.00		3.00	2.00	4.00	6.00
埃及		6.00		6.00		7.00	7.00	6.00	4.00
埃塞俄比亚		8.00		8.00		7.00	7.00	7.00	5.00
安哥拉		7.00		7.00		6.00	6.00	7.00	3.00
澳大利亚						1.00	1.00	0.00	0.00
巴基斯坦		8.00		8.00		8.00	8.00	0.00	3.00
巴西		5.00		5.00		5.00	5.00	4.00	6.00
白俄罗斯		6.00		6.00		6.00	6.00	4.00	6.00
保加利亚		4.00		4.00		4.00	4.00	3.00	7.00
波兰		2.00		2.00		2.00	2.00	3.00	0.00
德国						1.00	1.00	0.00	0.00
俄罗斯		5.00		5.00		5.00	4.00	6.00	4.00
法国						1.00	1.00	0.00	0.00
菲律宾		6.00		6.00		6.00	7.00	4.00	7.00
哈萨克斯坦		5.00		5.00		5.00	5.00	6.00	4.00
韩国		1.00		1.00		1.00	1.00	3.00	7.00
荷兰						1.00	1.00	0.00	0.00
吉尔吉斯斯坦		7.00		7.00		7.00	7.00	7.00	10.00
加拿大						1.00	1.00	0.00	0.00
柬埔寨		8.00		8.00		8.00	8.00	8.00	2.00
捷克		1.00		1.00		1.00	1.00	2.00	0.00
肯尼亚		7.00		7.00		7.00	7.00	6.00	4.00
老挝		7.00		7.00		6.00	6.00	7.00	3.00
罗马尼亚		4.00		4.00		4.00	4.00	3.00	7.00
马来西亚		4.00		4.00		4.00	4.00	4.00	5.00
美国						1.00	1.00	0.00	0.00

续表

年份国家	2009	2010	2011	2012	2013	2014	2015	2016	2017
蒙古		8.00		8.00		8.00	7.00	5.00	5.00
孟加拉国		7.00		7.00		7.00	7.00	4.00	5.00
缅甸		9.00		9.00		9.00	9.00	7.00	3.00
墨西哥		5.00		6.00		6.00	6.00	5.00	5.00
南非		6.00		6.00		7.00	6.00	3.00	7.00
尼日利亚		8.00		8.00		8.00	8.00	7.00	3.00
日本						1.00	1.00	0.00	0.00
沙特阿拉伯		4.00		4.00		4.00	4.00	6.00	3.00
斯里兰卡		6.00		6.00		6.00	6.00	6.00	4.00
苏丹		8.00		9.00		9.00	9.00	8.00	2.00
塔吉克斯坦		8.00		8.00		8.00	8.00	7.00	3.00
泰国		5.00		5.00		5.00	6.00	4.00	6.00
土耳其		3.00		3.00		4.00	5.00	6.00	4.00
土库曼斯坦		5.00		5.00		5.00	4.00	7.00	3.00
委内瑞拉		4.00		4.00		4.00	4.00	7.00	3.00
乌克兰		5.00		5.00		5.00	8.00	6.00	5.00
乌兹别克斯坦		7.00		7.00		7.00	7.00	5.00	5.00
希腊						1.00	1.00	0.00	0.00
新加坡		1.00		1.00		1.00	1.00	2.00	0.00
新西兰						1.00	1.00	0.00	0.00
匈牙利		1.00		1.00		1.00	1.00	3.00	6.00
伊拉克		9.00		9.00		9.00	10.00	0.00	2.00
伊朗		7.00		6.00		6.00	5.00	0.00	3.00
以色列						3.00	3.00	0.00	0.00
意大利						1.00	1.00	7.00	0.00
印度		6.00		6.00		5.00	5.00	5.00	5.00
印度尼西亚		6.00		6.00		6.00	6.00	6.00	3.00
英国						1.00	1.00	0.00	0.00

续表

年份 国家	2009	2010	2011	2012	2013	2014	2015	2016	2017
越南		5.00		5.00		5.00	5.00	4.00	4.00
赞比亚		7.00		7.00		7.00	7.00	7.00	3.00

数据来源：BTI。

表22　　　　　　　　　　　资本和人员流动的限制

年份 国家	2009	2010	2011	2012	2013	2014	2015	2016	2017
阿根廷	3.90	3.60	3.40	3.10	3.20	3.20	3.30	4.60	4.70
阿联酋	5.50	5.30	5.50	5.70	5.60	5.60	5.80	7.90	6.30
埃及	3.60	3.60	3.50	3.30	3.40	3.40	3.90	3.50	4.70
埃塞俄比亚	1.40	1.70	1.50	1.60	1.60	1.60	1.60	1.60	4.10
安哥拉	1.50	2.50	2.50	1.90	2.10	2.10	1.90	1.60	2.00
澳大利亚	3.20	3.00	3.50	4.00	3.80	3.80	3.90	3.90	3.90
巴基斯坦	2.30	2.30	2.30	2.30	2.30	2.30	2.20	3.90	2.20
巴西	5.10	5.20	5.20	5.00	5.10	5.10	4.80	5.10	5.20
白俄罗斯					4.60	4.60	5.70	5.70	1.30
保加利亚	6.40	6.40	6.10	6.10	6.10	6.10	6.00	5.90	6.60
波兰	4.70	4.60	4.60	4.70	4.70	4.70	4.70	7.90	5.40
德国	5.90	5.60	5.60	5.60	5.60	5.60	5.30	7.60	5.90
俄罗斯	3.50	3.80	3.80	3.90	3.90	3.90	3.80	5.30	4.70
法国	6.60	6.40	6.30	6.20	6.30	6.30	6.10	7.70	6.80
菲律宾	2.20	2.30	2.40	2.30	2.30	2.30	4.30	5.40	5.40
哈萨克斯坦	2.10	2.60	2.60	2.50	2.50	2.50	2.80	5.30	3.00
韩国	7.60	7.80	7.60	7.50	7.60	7.60	7.10	7.00	7.20
荷兰	7.70	7.70	7.70	7.70	7.70	7.70	7.60	8.20	7.90
吉尔吉斯斯坦	4.40	4.40	4.50	4.70	4.60	4.60	4.80	6.50	4.90
加拿大	6.70	6.60	6.60	6.50	6.50	6.50	6.20	7.80	6.80

续表

年份 国家	2009	2010	2011	2012	2013	2014	2015	2016	2017
柬埔寨		4.50	4.50	4.60	4.60	4.60	6.50	4.70	7.10
捷克	5.60	5.50	5.60	6.90	6.40	6.40	5.80	8.30	6.30
肯尼亚	4.70	4.50	4.40	4.30	4.40	4.40	4.20	5.30	4.60
老挝					2.60	2.60	3.60	3.60	5.60
罗马尼亚	6.70	6.60	6.40	6.40	6.40	6.40	6.50	8.10	7.50
马来西亚	5.60	6.00	6.00	5.90	5.90	5.90	6.00	7.00	5.80
美国	4.80	4.80	4.80	4.80	4.80	4.80	4.10	8.10	3.90
蒙古	4.10	4.30	4.40	4.30	4.30	4.30	5.20	3.90	4.40
孟加拉国	1.50	2.00	2.00	1.80	1.90	1.90	3.00	3.00	4.40
缅甸				1.30	1.30	1.30	1.30	2.90	1.50
墨西哥	4.30	4.20	4.30	4.20	4.20	4.20	4.50	7.10	5.30
南非	4.90	5.20	5.20	5.10	5.10	5.10	4.60	4.90	5.00
尼日利亚	3.50	3.70	3.70	3.80	3.80	3.80	4.20	3.20	4.80
日本	5.60	5.50	5.50	5.80	5.70	5.70	6.40	7.10	5.00
沙特阿拉伯		3.00	2.90	2.60	2.70	2.70	2.50	3.70	2.30
斯里兰卡	4.90	5.10	5.20	5.20	5.20	5.20	3.40	5.50	1.80
苏丹					3.70	3.70	4.00	3.90	3.50
塔吉克斯坦		2.20	2.70	2.70	2.70	2.70	4.00	4.30	2.60
泰国	2.90	3.10	3.20	3.10	3.10	3.10	3.20	6.70	4.70
土耳其	6.40	6.30	6.00	6.00	6.00	6.00	5.20	7.40	5.50
土库曼斯坦					3.30	3.30	3.90	3.90	2.60
委内瑞拉	3.50	3.50	3.40	3.30	3.40	3.40	3.00	2.00	3.70
乌克兰	3.10	2.90	2.80	2.80	2.80	2.80	2.80	4.20	3.20
乌兹别克斯坦					3.30	3.30	3.90	3.90	2.60
希腊	5.50	5.10	5.00	5.00	5.00	5.00	4.90	7.70	4.50
新加坡	8.50	8.60	8.50	8.50	8.50	8.50	8.50	8.50	8.50
新西兰	7.10	6.80	6.80	6.60	6.70	6.70	6.60	8.00	7.20
匈牙利	6.00	5.90	5.70	5.60	5.70	5.70	5.50	7.30	6.00

续表

年份\国家	2009	2010	2011	2012	2013	2014	2015	2016	2017
伊拉克					0.90	0.90	1.10	1.10	1.20
伊朗	1.00	1.00	1.00	0.90	0.90	0.90	1.10	2.70	1.70
以色列	7.80	7.60	7.10	6.60	6.90	6.90	6.50	6.60	7.70
意大利	6.30	6.20	6.00	5.80	5.90	5.90	5.60	8.10	6.60
印度	2.00	2.20	2.10	2.00	2.10	2.10	1.90	3.90	2.10
印度尼西亚	3.10	2.90	2.90	2.90	2.90	2.90	3.90	4.70	5.20
英国	8.60	8.50	8.30	8.30	8.30	8.30	7.20	7.90	7.30
越南	1.90	2.20	2.20	2.40	2.30	2.30	2.40	5.20	2.20
赞比亚	6.60	6.80	6.70	6.60	6.70	6.70	7.90	3.20	8.70

数据来源：EFW。

表23　　　　　　　　　　　　劳动力市场管制

年份\国家	2009	2010	2011	2012	2013	2014	2015	2016	2017
阿根廷	5.30	5.40	5.30	5.30		5.30	5.10	4.90	5.20
阿联酋	7.20	8.50	8.50	8.40		8.40	8.50	7.10	7.00
埃及	5.00	5.00	4.90	4.90		4.90	5.00	5.00	4.90
埃塞俄比亚	7.60	7.60	7.50	7.40		7.50	7.50	7.50	6.10
安哥拉	3.90	4.00	3.10	2.80		3.00	2.70	4.60	4.60
澳大利亚	8.40	7.70	7.30	6.70		7.00	7.00	6.90	7.70
巴基斯坦	5.60	5.80	5.90	5.80		5.80	5.60	5.00	4.90
巴西	4.40	4.50	4.60	4.50		4.50	4.40	3.80	4.20
白俄罗斯						7.40	7.50	7.50	7.20
保加利亚	7.80	7.70	7.70	7.20		7.40	7.40	7.30	7.00
波兰	7.50	7.40	7.70	7.70		7.70	7.70	7.60	7.10
德国	5.30	5.40	6.30	6.40		6.30	6.40	7.40	7.40
俄罗斯	6.10	5.90	6.00	6.10		6.10	6.00	5.60	5.50

续表

年份 国家	2009	2010	2011	2012	2013	2014	2015	2016	2017
法国	5.90	5.90	5.90	5.90		5.90	5.60	5.40	5.60
菲律宾	6.00	6.10	6.10	6.10		6.10	6.50	6.80	6.80
哈萨克斯坦	7.20	7.10	7.10	7.60		7.40	7.60	7.60	7.20
韩国	4.40	4.70	4.70	4.70		4.70	4.60	4.60	4.80
荷兰	6.70	6.70	6.80	6.80		6.80	7.00	7.50	7.50
吉尔吉斯斯坦	6.40	6.50	6.40	6.10		6.20	6.20	5.80	5.60
加拿大	8.50	8.50	8.50	8.50		8.50	8.40	8.30	8.20
柬埔寨		7.30	7.40	7.50		7.50	7.50	6.70	6.60
捷克	7.60	7.50	7.60	8.10		7.90	8.10	8.10	8.10
肯尼亚	7.80	7.60	7.60	8.10		7.90	7.90	7.70	7.70
老挝						6.00	6.30	4.90	4.90
罗马尼亚	7.00	6.90	7.00	7.40		7.20	7.40	7.10	7.40
马来西亚	7.80	7.90	8.00	7.90		7.90	8.00	8.20	8.00
美国	9.10	9.10	9.00	9.00		9.00	9.00	9.00	9.10
蒙古	7.20	7.20	7.20	7.00		7.10	7.00	6.70	6.70
孟加拉国	6.50	6.70	6.60	6.50		6.60	6.90	7.30	7.20
缅甸				4.90		4.90	5.80	5.60	5.60
墨西哥	5.50	5.40	5.50	5.50		5.50	5.70	5.50	5.60
南非	6.10	6.10	6.00	5.80		5.90	6.00	6.10	6.50
尼日利亚	8.40	8.00	7.80	7.90		7.90	8.10	9.00	9.00
日本	8.40	8.30	8.30	8.40		8.40	8.30	7.80	8.10
沙特阿拉伯		8.20	8.10	8.00		8.10	7.80	7.30	6.90
斯里兰卡	6.50	6.40	6.40	6.40		6.40	6.40	6.30	6.40
苏丹						6.50	6.30	6.20	4.70
塔吉克斯坦		5.20	5.20	5.20		5.20	5.00	5.50	5.80
泰国	5.70	5.00	5.00	4.90		4.90	4.80	4.90	4.70
土耳其	4.80	4.90	5.00	5.00		5.00	4.90	4.40	4.70
土库曼斯坦						6.30	6.30	6.30	5.80

续表

年份 国家	2009	2010	2011	2012	2013	2014	2015	2016	2017
委内瑞拉	4.50	3.60	3.50	3.30		3.40	2.70	1.50	2.10
乌克兰	6.10	6.00	6.10	5.80		5.90	5.60	5.40	5.10
乌兹别克斯坦						6.30	6.30	6.30	5.80
希腊	4.50	4.50	4.30	4.50		4.40	4.60	4.80	5.00
新加坡	7.80	7.70	7.70	7.70		7.70	7.60	7.50	7.70
新西兰	8.50	8.50	8.70	8.70		8.70	8.70	8.90	8.80
匈牙利	7.30	7.30	6.80	6.80		6.90	6.80	7.30	6.90
伊拉克						4.60	4.60	4.60	6.50
伊朗	4.60	4.60	4.70	4.60		4.60	4.60	5.00	4.80
以色列	5.30	5.30	5.20	5.20		5.20	5.30	5.50	5.40
意大利	6.80	6.50	7.00	6.90		6.90	6.90	6.70	6.80
印度	7.90	8.10	8.00	8.10		8.10	7.30	6.70	6.40
印度尼西亚	4.80	4.70	4.70	4.80		4.80	4.60	4.70	4.60
英国	8.20	8.30	8.30	8.30		8.30	8.20	8.50	8.40
越南	5.70	5.50	5.60	5.50		5.50	5.40	5.40	5.30
赞比亚	6.50	6.30	6.40	6.40		6.40	6.30	5.70	5.60

数据来源：EFW。

表24　　　　　　　　　　商业管制

年份 国家	2009	2010	2011	2012	2013	2014	2015	2016	2017
阿根廷	5.20	5.10	5.10	4.90		5.00	5.00	4.90	5.50
阿联酋	7.60	7.70	7.90	7.90		7.90	8.00	8.00	8.50
埃及	6.10	5.90	5.90	6.10		6.00	6.30	5.90	5.60
埃塞俄比亚	6.50	6.50	6.00	6.10		6.10	6.10	6.10	7.10
安哥拉	5.00	5.20	5.20	5.70		5.50	5.60	4.90	4.90
澳大利亚	6.70	6.70	6.80	6.70		6.70	6.70	6.70	8.10

续表

年份 国家	2009	2010	2011	2012	2013	2014	2015	2016	2017
巴基斯坦	5.40	5.50	5.50	5.40		5.40	5.40	5.80	5.90
巴西	3.60	3.60	3.60	3.60		3.60	3.60	3.50	3.60
白俄罗斯						5.90	6.00	6.00	8.10
保加利亚	5.70	5.90	6.10	6.20		6.10	6.20	6.20	6.20
波兰	5.60	5.70	5.70	6.10		5.90	6.00	6.50	6.80
德国	6.50	6.50	6.60	6.60		6.60	6.60	8.00	8.20
俄罗斯	4.50	5.30	5.70	6.00		5.80	6.10	6.00	6.20
法国	6.50	6.30	6.30	6.20		6.20	6.30	7.30	7.30
菲律宾	5.70	6.20	6.40	6.50		6.40	6.60	6.20	6.00
哈萨克斯坦	6.10	6.40	6.60	6.80		6.70	6.70	7.30	6.90
韩国	6.60	6.50	6.60	6.70		6.70	6.70	6.70	7.60
荷兰	6.50	6.70	6.90	6.90		6.90	6.90	8.00	8.30
吉尔吉斯斯坦	6.50	6.50	6.50	6.50		6.50	6.60	5.90	5.90
加拿大	7.10	7.10	6.80	6.50		6.70	6.60	7.60	7.70
柬埔寨		5.50	5.60	5.30		5.40	5.30	4.90	5.10
捷克	5.20	5.20	5.60	5.50		5.50	5.50	6.40	6.40
肯尼亚	5.60	5.70	5.90	6.10		6.00	6.30	6.10	6.30
老挝						5.40	5.50	5.70	5.80
罗马尼亚	6.40	6.10	6.00	6.10		6.10	6.30	6.30	6.20
马来西亚	6.40	6.60	7.00	7.10		7.00	7.30	8.00	8.20
美国	6.80	6.70	6.70	6.70		6.70	6.70	7.70	8.00
蒙古	6.20	6.20	6.40	6.50		6.40	6.70	6.40	6.70
孟加拉国	5.70	5.90	5.90	5.90		5.90	5.80	5.00	5.00
缅甸				4.60		4.60	4.90	5.40	5.90
墨西哥	6.00	6.10	6.20	6.20		6.20	6.20	6.40	6.40
南非	6.20	6.20	6.20	6.40		6.30	6.40	6.00	5.80
尼日利亚	4.10	4.90	5.00	4.00		4.40	4.60	4.10	5.10
日本	6.10	6.00	6.10	6.10		6.10	6.20	7.80	7.80

续表

年份 国家	2009	2010	2011	2012	2013	2014	2015	2016	2017
沙特阿拉伯		7.60	7.30	7.20		7.30	7.20	7.30	7.20
斯里兰卡	5.80	6.20	6.30	6.30		6.30	6.30	6.70	6.70
苏丹						5.70	5.90	5.90	6.40
塔吉克斯坦		6.10	6.20	6.20		6.20	6.30	6.10	6.40
泰国	6.30	6.30	6.20	6.20		6.20	6.30	7.20	7.30
土耳其	6.30	6.20	6.50	6.60		6.50	6.60	6.80	7.00
土库曼斯坦						6.50	6.50	6.50	6.40
委内瑞拉	3.70	3.70	3.70	3.60		3.60	3.50	2.30	2.00
乌克兰	4.20	4.20	4.60	5.90		5.30	6.00	6.40	6.40
乌兹别克斯坦						6.50	6.50	6.50	6.40
希腊	6.10	6.00	6.20	6.30		6.20	6.30	6.40	6.40
新加坡	8.00	8.00	7.90	7.90		7.90	7.90	8.00	9.30
新西兰	7.40	7.40	7.40	7.40		7.40	7.40	8.00	8.70
匈牙利	5.80	6.00	6.00	6.10		6.10	6.10	6.30	6.30
伊拉克						5.70	5.70	5.70	5.80
伊朗	5.70	5.70	5.80	5.70		5.70	5.70	5.60	5.80
以色列	6.50	6.40	6.30	6.30		6.30	6.30	7.20	7.20
意大利	5.60	6.40	5.50	5.50		5.60	5.50	6.10	6.10
印度	5.30	5.30	5.50	5.20		5.30	5.80	6.30	6.60
印度尼西亚	6.00	6.10	6.10	6.20		6.20	6.10	6.40	6.60
英国	6.80	6.80	6.90	7.00		7.00	7.00	8.00	8.10
越南	4.80	4.80	5.20	5.20		5.20	5.20	5.70	5.90
赞比亚	5.80	6.00	6.20	6.90		6.60	6.70	6.10	6.20

数据来源：EFW。

表25　　　　　　　　　　　　　平均受教育年限　　　　　　　　　　　　单位：年

年份 国家	2009	2010	2011	2012	2013	2014	2015	2016	2017
阿根廷	5.30	5.40	5.50	6.40		6.40	6.10	6.10	6.10
阿联酋						7.50	6.50	6.50	6.50
埃及	4.40	4.50	5.10	5.20	5.30	5.30	5.20	5.20	5.20
埃塞俄比亚						2.70	2.20	2.20	2.20
安哥拉	1.80	2.10	1.90			1.90	1.80	1.80	1.80
澳大利亚	7.50	7.50	7.70	7.80	7.80	7.80	7.90	7.90	7.90
巴基斯坦	2.30	2.40	2.40	2.60	2.70	2.70	2.90	2.90	2.90
巴西						5.50	7.00	7.00	7.00
白俄罗斯	7.40	7.30	7.30	7.30	7.30	7.30	7.40	7.40	7.40
保加利亚	7.10	7.20	7.30	7.30	7.70	7.70	7.70	7.70	7.70
波兰	5.80	5.80	5.80	5.80	6.30	6.30	6.10	6.10	6.10
德国	8.90	8.90	9.00	8.90	8.90	8.90	9.10	9.10	9.10
俄罗斯	6.20		6.60	6.80	6.90	6.90	7.00	7.00	7.00
法国	7.60	7.70	7.70	7.70	7.60	7.60	7.80	7.80	7.80
菲律宾	3.40				3.50	3.50	3.60	3.60	3.60
哈萨克斯坦				7.20	7.10	7.10	7.60	7.60	7.60
韩国	5.80	5.80	5.80		5.80	5.90	5.80	5.80	5.80
荷兰	7.20	7.30	7.70	7.70	7.80	7.80	7.90	7.90	7.90
吉尔吉斯斯坦	6.00	6.00	6.20		6.20	6.20	6.30	6.30	6.30
加拿大	6.20	6.10	6.20	6.70		6.70	6.50	6.50	6.50
柬埔寨						2.80	2.80	2.80	2.80
捷克	7.60	7.80	7.90	8.00	8.00	8.00	8.10	8.10	8.10
肯尼亚	3.60			4.10		4.10	4.10	4.10	4.10
老挝	2.60	2.70	3.10	3.30	3.50	3.50	3.80	3.80	3.80
罗马尼亚	7.50	7.50	7.60	7.50		7.50	7.70	7.70	7.70
马来西亚	4.60	4.70	4.70	5.00		5.00	5.30	5.30	5.30
美国	5.70	5.60	5.60	5.60	5.60	5.60	5.80	5.80	5.80
蒙古	5.70	5.30				5.30	6.40	6.40	6.40

续表

年份 国家	2009	2010	2011	2012	2013	2014	2015	2016	2017
孟加拉国	3.40	3.50	3.50	3.80		3.80	3.90	3.90	3.90
缅甸	3.00	3.00				3.00	3.10	3.10	3.10
墨西哥	5.10	5.10	5.10	5.20	5.40	5.40	5.40	5.40	5.40
南非	4.70	4.80	4.90	5.10	5.50	5.50	4.70	4.70	4.70
尼日利亚	2.40	2.70				2.70	2.50	2.50	2.50
日本	6.10	6.10	6.10	6.10		6.10	6.10	6.10	6.10
沙特阿拉伯	6.20				7.40	7.50	6.50	6.50	6.50
斯里兰卡		7.80	7.90	7.90	7.90	7.90	7.90	7.90	7.90
苏丹	2.10	2.10	1.90	2.00		2.00	2.10	2.10	2.10
塔吉克斯坦	5.90	5.90	6.00	6.10			6.10	6.10	6.10
泰国	4.80	5.00	5.20	5.20	5.10	5.10	5.20	5.20	5.20
土耳其	5.60	5.90	6.20	6.00	8.20	8.20	7.20	7.20	7.20
土库曼斯坦						6.80	6.80	6.80	6.80
委内瑞拉	4.10	4.10	4.20	4.30	4.70	4.70	4.60	4.60	4.60
乌克兰	6.50	6.60	6.50	6.70	6.80	6.80	6.80	6.80	6.80
乌兹别克斯坦	7.30	7.30	7.30			7.30	7.60	7.60	7.60
希腊		6.60	6.40	6.50		6.50	6.40	6.40	6.40
新加坡						5.90	5.90	5.90	5.90
新西兰	8.80	8.30	8.30	8.30	8.20	8.20	8.30	8.30	8.30
匈牙利	7.90	8.00	8.10	8.10	8.50	8.50	8.40	8.40	8.40
伊拉克						3.30	3.30	3.30	3.30
伊朗	5.80	5.70	5.80	6.00		6.00	5.30	5.30	5.30
以色列	6.10	6.10	6.10	6.10	6.10	6.10	6.10	6.10	6.10
意大利	7.90	8.00	8.10	7.90		7.90	8.20	8.20	8.20
印度	4.30	4.50	4.80	5.00	5.00	4.80	4.80	4.80	

续表

年份\国家	2009	2010	2011	2012	2013	2014	2015	2016	2017
印度尼西亚	4.60	4.70	4.90	4.90	5.00	5.00	4.90	4.90	4.90
英国	7.20	7.40	6.80	6.70	8.80	8.80	8.40	8.40	8.40
越南						3.20	3.30	3.30	3.30
赞比亚						1.90	1.80	1.80	1.80

数据来源：UNESCO。

表26　　社会安全（每十万人谋杀死亡人数）　　单位：人

年份\国家	2009	2010	2011	2012	2013	2014	2015	2016	2017
阿根廷	7.30	6.80	6.90	7.00		7.00	7.50	7.50	7.50
阿联酋		0.80	0.60	0.80	0.60	0.60	0.70	0.70	0.70
埃及	1.20	2.40	3.40			3.40	2.80	2.80	2.80
埃塞俄比亚				8.10		8.10	8.10	8.10	8.10
安哥拉				10.80		10.80	9.80	9.80	9.80
澳大利亚	1.20	1.00	1.10	1.10	1.10	1.10	1.00	1.00	1.00
巴基斯坦	7.30	7.60	7.90	7.80		7.80	7.90	7.90	7.90
巴西	23.00	22.20	23.30	26.50	26.50	26.50	24.20	24.20	24.20
白俄罗斯	5.00	5.10	4.00	3.60		3.60	3.60	3.60	3.60
保加利亚	2.00	2.00	1.70	1.90	1.50	1.50	1.60	1.60	1.60
波兰	1.30	1.10	1.20	1.00	0.80	0.80	0.70	0.70	0.70
德国	0.80	0.80	0.80	0.70	0.70	0.70	0.90	0.90	0.90
俄罗斯	11.10	10.10	9.70	9.20	9.00	9.00	9.30	9.30	9.30
法国	1.30	1.30	1.30	1.20	1.20	1.20	1.20	1.20	1.20
菲律宾	6.90	9.50	9.10	8.80	9.30	9.30	9.60	9.60	9.60
哈萨克斯坦	11.20	9.70	9.90	9.00	7.80	7.80	8.00	8.00	8.00
韩国			0.90	0.80		0.80	0.70	0.70	0.70
荷兰	0.90	0.90	0.90	0.90	0.70	0.70	0.80	0.80	0.80
吉尔吉斯斯坦	8.00	20.10	9.30	6.50	5.40	5.40	3.80	3.80	3.80

续表

年份 国家	2009	2010	2011	2012	2013	2014	2015	2016	2017
加拿大	1.60	1.40	1.50	1.60	1.40	1.40	1.50	1.50	1.50
柬埔寨	2.50	2.30	1.80			1.80	2.00	2.00	2.00
捷克	0.90	1.00	0.80	1.00	0.90	0.90	0.70	0.70	0.70
肯尼亚	5.60	5.50	6.30	6.50	6.60	6.60	6.20	6.20	6.20
老挝				7.20		7.20	7.30	7.30	7.30
罗马尼亚	1.80	1.80	1.50	1.70	1.50	1.50	1.60	1.60	1.60
马来西亚	2.00	1.90				1.90	2.00	2.00	2.00
美国	5.00	4.70	4.70	4.70	3.80	3.80	4.20	4.20	4.20
蒙古	8.20	8.80	9.80	7.20	7.50	7.50	7.40	7.40	7.40
孟加拉国	2.80	2.60	2.60	2.60	2.80	2.80	2.80	2.80	2.80
缅甸	1.60	1.70	2.40	2.50		2.50	2.40	2.40	2.40
墨西哥	17.00	21.80	22.80	21.50	18.90	18.90	17.10	17.10	17.10
南非	33.10	31.00	29.90	30.70	31.90	31.90	32.50	32.50	32.50
尼日利亚				10.30		10.30	10.10	10.10	10.10
日本	0.40	0.40	0.30	0.30	0.30	0.30	0.30	0.30	0.30
沙特阿拉伯				6.20		6.20	6.20	6.20	6.20
斯里兰卡	5.30	3.70	3.50	3.20	2.80	2.80	3.10	3.10	3.10
苏丹				6.50		6.50	6.50	6.50	6.50
塔吉克斯坦	1.80	2.00	1.90	1.30	1.50	1.50	1.40	1.40	1.40
泰国	5.60	5.50	4.90			4.90	4.10	4.10	4.10
土耳其	5.20	4.20	4.20	4.30		4.30	5.10	5.10	5.10
土库曼斯坦				4.30		4.30	4.30	4.30	4.30
委内瑞拉	48.90	45.00	47.80	53.60		53.60	62.0	17.1	17.1
乌克兰	4.70	4.30				4.30	4.60	4.60	4.60
乌兹别克斯坦				3.30		3.30	3.20	3.20	3.20
希腊	1.40	1.60	1.70	1.50	1.40	1.40	0.60	0.60	0.60
新加坡	0.40	0.40	0.30	0.20	0.30	0.30	0.30	0.30	0.30
新西兰	1.50	1.00	0.90	0.90	1.00	1.00	0.90	0.90	0.90

续表

年份\国家	2009	2010	2011	2012	2013	2014	2015	2016	2017
匈牙利	1.50	1.60	1.70	1.40	2.70	2.70	1.50	1.50	1.50
伊拉克	8.10	8.20	8.00			8.00	8.10	8.10	8.10
伊朗				4.80		4.80	4.80	4.80	4.80
以色列	1.80	2.00	2.00	1.70		1.70	1.80	1.80	1.80
意大利	1.00	0.90	0.90	0.90	0.80	0.80	0.80	0.80	0.80
印度	3.50	3.50	3.60	3.50	3.30	3.30	3.30	3.30	3.30
印度尼西亚	0.60	0.40	0.60	0.60	0.60	0.60	0.50	0.50	0.50
英国	1.20	1.20	1.00	1.00	1.00	1.00	0.90	0.90	0.90
越南	1.40	1.50	1.50			1.50	1.50	1.50	1.50
赞比亚	6.30	6.20				6.20	5.80	5.80	5.80

数据来源：UNODC。

表27　　其他投资风险

年份\国家	2009	2010	2011	2012	2013	2014	2015	2016	2017
阿根廷	5.50	5.50	6.50	6.00		6.10	6.10	6.10	6.10
阿联酋						10.70	10.00	10.00	10.00
埃及	6.50	6.50	6.00	6.00		6.10	6.00	6.00	6.00
埃塞俄比亚	6.00	6.50	6.50	6.50		6.50	6.50	6.50	6.50
安哥拉	8.00	8.00	7.50	7.50		7.60	7.80	7.80	7.80
澳大利亚	12.00	10.50	10.50	10.50		10.50	10.60	10.60	10.60
巴基斯坦	7.50	7.50	7.00	6.50		6.80	6.80	6.80	6.80
巴西	7.00	8.00	8.00	7.50		7.70	7.60	7.60	7.60
白俄罗斯	8.00	8.00	6.00	6.50		6.50	6.50	6.50	6.50
保加利亚	10.50	9.50	8.50	9.00		8.90	8.80	8.80	8.80
波兰	11.50	11.50	10.00	9.00		9.60	9.30	9.30	9.30
德国	11.50	11.50	10.50	11.00		10.90	11.00	11.00	11.00

续表

年份 国家	2009	2010	2011	2012	2013	2014	2015	2016	2017
俄罗斯	9.50	9.50	9.50	8.50		8.90	8.70	8.70	8.70
法国	11.00	11.00	8.00	7.50		8.00	7.90	7.90	7.90
菲律宾	9.00	9.00	9.50	9.00		9.20	8.60	8.60	8.60
哈萨克斯坦	8.00	7.50	7.50	7.50		7.50	7.50	7.50	7.50
韩国	10.00	10.00	10.00	10.00		10.00	10.00	10.00	10.00
荷兰	11.00	11.00	10.50	9.00		9.70	9.40	9.40	9.40
吉尔吉斯斯坦						6.50	6.50	6.50	6.50
加拿大	11.50	11.00	12.00	12.00		11.90	12.00	12.00	12.00
柬埔寨						7.00	6.90	6.90	6.90
捷克	11.50	11.50	10.00	8.00		9.00	8.60	8.60	8.60
肯尼亚	9.50	9.50	7.00	7.00		7.30	7.40	7.40	7.40
老挝						7.00	6.90	6.90	6.90
罗马尼亚	9.00	8.00	8.50	7.50		7.90	7.70	7.70	7.70
马来西亚	9.50	9.50	9.50	9.50		9.50	9.50	9.50	9.50
美国	12.00	12.00	12.00	12.00		12.00	12.00	12.00	12.00
蒙古	7.00	6.50	6.50	6.50		6.50	6.70	6.70	6.70
孟加拉国	7.00	7.00	6.00	6.00		6.10	6.10	6.10	6.10
缅甸	2.50	2.50	3.00	6.00		4.80	5.10	5.10	5.10
墨西哥	9.50	9.50	9.50	9.50		9.50	9.80	9.80	9.80
南非	9.50	9.50	9.50	9.50		9.50	9.40	9.40	9.40
尼日利亚	6.50	6.50	6.50	6.50		6.50	6.50	6.50	6.50
日本	11.50	11.50	11.50	11.00		11.20	11.40	11.40	11.40
沙特阿拉伯	11.00	11.00	11.00	10.50		10.70	10.70	10.70	10.70
斯里兰卡	8.50	8.50	7.50	7.50		7.60	7.70	7.70	7.70
苏丹	7.50	7.50	7.00	7.00		7.10	7.00	7.00	7.00
塔吉克斯坦						6.50	6.50	6.50	6.50
泰国	7.50	7.50	8.50	8.50		8.40	8.50	8.50	8.50
土耳其	7.50	7.50	7.50	8.00		7.80	7.40	7.40	7.40

续表

年份 国家	2009	2010	2011	2012	2013	2014	2015	2016	2017
土库曼斯坦						6.50	6.50	6.50	6.50
委内瑞拉	2.50	2.50	4.00	4.00		3.90	3.90	7.70	7.70
乌克兰	6.00	5.50	6.50	6.50		6.40	6.30	6.30	6.30
乌兹别克斯坦						6.50	6.50	6.50	6.50
希腊	10.50	7.00	7.50	6.00		6.60	7.00	7.00	7.00
新加坡	12.00	12.00	12.00	12.00		12.00	12.00	12.00	12.00
新西兰	12.00	12.00	12.00	12.00		12.00	12.00	12.00	12.00
匈牙利	10.00	8.50	7.50	7.50		7.60	7.70	7.70	7.70
伊拉克	7.50	8.00	8.50	7.50		7.90	7.80	7.80	7.80
伊朗	5.00	4.50	4.50	4.50		4.50	4.50	4.50	4.50
以色列	10.00	10.00	10.00	10.00		10.00	10.00	10.00	10.00
意大利	11.50	11.00	7.50	7.50		7.90	7.70	7.70	7.70
印度	8.50	8.50	8.50	7.50		7.90	7.70	7.70	7.70
印度尼西亚	9.00	8.00	8.00	7.00		7.40	7.40	7.40	7.40
英国	10.50	11.50	8.50	8.50		8.80	8.90	8.90	8.90
越南	8.00	8.00	7.00	7.00		7.10	7.00	7.00	7.00
赞比亚	6.00	6.00	6.00	6.00		6.00	6.30	6.30	6.30

数据来源：ICRG。

表28　　　　　　　　执政时间（任期还剩几年）　　　　　　单位：年

年份 国家	2009	2010	2011	2012	2013	2014	2015	2016	2017
阿根廷	2.00	1.00	0.00	3.00	2.00	1.00	3.00	2.00	1.00
阿联酋							6.00	5.00	4.00
埃及	2.00	1.00	0.00	5.00	4.00	3.00	2.00	1.00	0.00
埃塞俄比亚	1.00	0.00	4.00	3.00	2.00	1.00	4.00	3.00	2.00
安哥拉	2.00	1.00	0.00	4.00	3.00	2.00	1.00	0.00	4.00

续表

年份 国家	2009	2010	2011	2012	2013	2014	2015	2016	2017
澳大利亚	1.00	0.00	2.00	1.00	0.00	2.00	1.00	0.00	2.00
巴基斯坦	4.00	3.00	2.00	1.00	4.00	3.00	2.00	1.00	0.00
巴西	1.00	0.00	3.00	2.00	1.00	0.00	3.00	2.00	1.00
白俄罗斯	2.00	1.00	4.00	3.00	2.00	1.00	4.00	3.00	2.00
保加利亚	0.00	3.00	2.00	1.00	0.00	3.00	2.00	1.00	0.00
波兰	1.00	0.00	4.00	3.00	2.00	1.00	0.00	4.00	3.00
德国	0.00	3.00	2.00	1.00	0.00	3.00	2.00	1.00	0.00
俄罗斯	3.00	2.00	1.00	0.00	3.00	2.00	1.00	0.00	3.00
法国	3.00	2.00	1.00	0.00	4.00	3.00	2.00	1.00	0.00
菲律宾	1.00	0.00	5.00	4.00	3.00	2.00	1.00	0.00	5.00
哈萨克斯坦	3.00	2.00	1.00	0.00	5.00	4.00	3.00	2.00	1.00
韩国					5.00	4.00	3.00	2.00	1.00
荷兰	1.00	0.00	3.00	2.00	1.00	0.00	3.00	2.00	1.00
吉尔吉斯斯坦	1.00	0.00		4.00	3.00	2.00	1.00	0.00	4.00
加拿大	3.00	2.00	1.00	3.00	2.00	1.00	3.00	2.00	1.00
柬埔寨	4.00	3.00	2.00	1.00	0.00	4.00	3.00	2.00	1.00
捷克	4.00	3.00	2.00	1.00	0.00	4.00	3.00	2.00	1.00
肯尼亚	3.00	2.00	1.00	0.00	4.00	3.00	2.00	1.00	0.00
老挝	2.00	1.00	0.00	4.00	3.00	2.00	1.00	0.00	4.00
罗马尼亚	0.00	4.00	3.00	2.00	1.00	0.00	4.00	3.00	2.00
马来西亚	0.00	4.00	3.00	2.00	1.00	0.00	4.00	3.00	2.00
美国	3.00	2.00	1.00	0.00	3.00	2.00	1.00	0.00	3.00
蒙古	0.00	3.00	2.00	1.00	0.00	3.00	2.00	1.00	0.00
孟加拉国					5.00	4.00	3.00	2.00	1.00
缅甸			5.00	4.00	3.00	2.00	1.00	0.00	5.00
墨西哥	3.00	2.00	1.00	0.00	5.00	4.00	3.00	2.00	1.00

续表

年份 国家	2009	2010	2011	2012	2013	2014	2015	2016	2017
南非						5.00	4.00	3.00	2.00
尼日利亚	2.00	1.00	0.00	3.00	2.00	1.00	0.00	3.00	2.00
日本	3.00	3.00	3.00	2.00	1.00	0.00	3.00	2.00	1.00
沙特阿拉伯							6.00	5.00	
斯里兰卡	2.00	1.00	5.00	4.00	3.00	2.00	1.00	0.00	5.00
苏丹						5.00	4.00	3.00	2.00
塔吉克斯坦	4.00	3.00	2.00	1.00	0.00	6.00	5.00	4.00	3.00
泰国	3.00	2.00	1.00	3.00	2.00	1.00	0.00	3.00	2.00
土耳其	3.00	2.00	1.00	0.00	4.00	3.00	2.00	1.00	0.00
土库曼斯坦	3.00	2.00	1.00	0.00	4.00	3.00	2.00	1.00	0.00
委内瑞拉	3.00	2.00	1.00	0.00	5.00	4.00	3.00	2.00	1.00
乌克兰	0.00	0.00	4.00	3.00	2.00	1.00	0.00	4.00	3.00
乌兹别克斯坦	3.00	2.00	1.00	0.00	4.00	3.00	2.00	1.00	0.00
希腊	2.00	3.00	2.00	1.00	3.00	2.00	1.00	0.00	3.00
新加坡	2.00	1.00	0.00	4.00	3.00	2.00	1.00	0.00	3.00
新西兰	2.00	1.00	0.00	2.00	1.00	0.00	2.00	1.00	0.00
匈牙利	1.00	0.00	3.00	2.00	1.00	0.00	3.00	2.00	1.00
伊拉克	1.00	0.00	3.00	2.00	1.00	0.00	3.00	2.00	1.00
伊朗	0.00	3.00	2.00	1.00	0.00	3.00	2.00	1.00	0.00
以色列	1.00	3.00	2.00	1.00	3.00	2.00	1.00	0.00	3.00
意大利	4.00	3.00	2.00	1.00	4.00	3.00	2.00	1.00	0.00
印度	0.00	4.00	3.00	2.00	1.00	0.00	4.00	3.00	2.00
印度尼西亚	0.00	4.00	3.00	2.00	1.00	0.00	4.00	3.00	2.00
英国						5.00	4.00	3.00	2.00
越南	2.00	1.00	0.00	4.00	3.00	2.00	1.00	0.00	4.00
赞比亚	4.00	3.00	2.00	4.00	3.00	2.00	1.00	0.00	4.00

数据来源：DPI。

表29　　　　　　　　　　政府稳定性

国家\年份	2009	2010	2011	2012	2013	2014	2015	2016	2017
阿根廷	5.00	6.00	8.50	5.50		6.50	6.00	6.00	8.00
阿联酋						9.40	10.50	10.50	10.00
埃及	8.50	8.00	5.50	5.50		5.80	5.50	5.50	8.50
埃塞俄比亚	7.00	8.50	8.00	6.50		7.20	7.20	7.20	7.50
安哥拉	10.50	9.50	7.50	8.50		8.30	8.40	8.40	7.00
澳大利亚	10.50	7.50	5.00	6.50		6.20	6.10	6.10	5.50
巴基斯坦	6.00	5.50	5.00	6.00		5.70	6.40	6.40	6.00
巴西	9.50	9.00	7.50	8.50		8.30	7.50	7.50	6.50
白俄罗斯	10.00	9.50	5.00	6.00		6.10	5.70	5.70	7.00
保加利亚	7.50	6.00	6.00	6.50		6.30	6.10	6.10	7.00
波兰	8.50	8.00	6.00	6.00		7.30	6.40	6.40	7.00
德国	10.00	6.00	5.50	8.50		7.40	8.10	7.60	5.50
俄罗斯	10.50	9.00	8.00	7.00		7.50	7.30	7.30	8.50
法国	9.50	8.00	5.50	6.00		6.40	6.00	8.10	8.50
菲律宾	5.00	8.50	7.50	7.50		7.60	7.90	7.90	6.50
哈萨克斯坦	10.50	10.00	9.50	9.00		9.30	8.90	8.90	8.00
韩国	8.00	8.50	5.50	7.50		7.00	7.50	7.50	6.50
荷兰	7.50	7.00	6.50	8.00		7.50	6.50	6.50	7.50
吉尔吉斯斯坦						8.30	7.90	7.90	8.00
加拿大	9.50	8.50	9.50	9.00		9.10	8.30	8.30	7.00
柬埔寨						8.40	8.30	8.30	8.00
捷克	6.00	6.50	7.00	6.50		6.70	6.60	6.60	8.00
肯尼亚	6.00	7.00	6.00	6.50		6.40	6.80	6.80	7.50
老挝						8.40	8.30	8.30	8.00
罗马尼亚	7.50	7.00	7.00	5.00		5.80	6.80	6.80	6.00
马来西亚	7.00	6.50	6.00	6.00		5.50	6.30	6.30	6.50
美国	9.00	7.50	8.50	8.50		8.40	7.90	7.90	8.00
蒙古	9.00	9.00	7.00	6.00		6.60	7.00	7.00	6.50

续表

年份 国家	2009	2010	2011	2012	2013	2014	2015	2016	2017
孟加拉国	9.50	8.50	7.00	7.00		7.20	6.30	6.30	8.00
缅甸	9.50	9.50	9.50	10.00		9.80	9.80	9.80	6.50
墨西哥	7.50	6.50	7.50	8.00		7.70	8.00	8.00	6.00
南非	8.00	6.50	7.00	5.50		6.10	6.70	6.70	7.50
尼日利亚	7.50	7.50	8.00	7.00		7.40	6.90	6.90	7.00
日本	9.00	5.00	7.50	5.50		6.10	7.30	7.30	10.00
沙特阿拉伯	10.00	10.00	9.00	9.50		9.40	9.20	7.10	7.50
斯里兰卡	8.00	9.50	8.50	7.50		8.00	7.50	7.50	6.00
苏丹	7.00	7.50	7.00	7.00		7.10	6.90	6.90	6.50
塔吉克斯坦						8.30	7.90	7.90	8.00
泰国	7.00	7.00	7.00	6.00		6.40	6.50	6.50	8.00
土耳其	8.50	8.50	8.50	7.00		7.60	7.50	6.40	8.00
土库曼斯坦						8.30	7.90	7.90	8.00
委内瑞拉	7.50	7.50	6.50	7.00		6.90	5.80	5.80	7.00
乌克兰	6.00	7.50	7.50	6.00		6.60	6.80	6.80	6.50
乌兹别克斯坦						8.30	7.90	7.90	8.00
希腊	7.00	7.00	7.00	5.50		6.10	5.30	5.30	6.50
新加坡	11.00	11.00	9.50	9.50		9.70	9.60	9.60	9.50
新西兰	8.50	8.50	8.50	8.00		8.20	8.10	8.10	6.50
匈牙利	4.00	8.50	7.50	6.50		7.00	7.00	7.00	9.00
伊拉克	8.00	7.50	8.00	6.00		6.80	6.40	5.40	6.00
伊朗	6.50	5.50	5.00	5.00		5.10	5.50	4.40	8.00
以色列	7.50	7.00	7.50	8.00		7.80	7.80	7.80	6.50
意大利	8.50	5.50	6.00	6.50		6.30	6.20	6.20	6.00
印度	9.00	7.00	6.00	6.00		6.10	5.80	5.80	7.50

续表

年份 国家	2009	2010	2011	2012	2013	2014	2015	2016	2017
印度尼西亚	9.00	7.50	7.50	5.00		6.00	5.50	5.50	8.50
英国	6.00	8.50	6.50	7.00		7.00	7.10	7.10	6.00
越南	10.50	10.00	8.00	7.50		7.90	7.20	7.20	8.00
赞比亚	7.50	7.50	6.50	7.50		7.20	6.70	6.70	7.00

数据来源：ICRG。

表30　军事干预政治

年份 国家	2009	2010	2011	2012	2013	2014	2015	2016	2017
阿根廷	4.50	4.50	4.50	4.50		4.50	4.50	4.50	4.50
阿联酋						5.00	5.00	5.00	5.00
埃及	3.00	2.50	1.50	1.00		1.30	1.10	1.10	1.00
埃塞俄比亚	1.00	1.00	1.00	1.00		1.00	1.00	1.00	1.00
安哥拉	2.00	2.00	2.00	2.00		2.00	2.00	2.00	2.00
澳大利亚	6.00	6.00	6.00	6.00		6.00	6.00	6.00	6.00
巴基斯坦	1.00	1.50	1.50	1.50		1.50	1.50	1.50	1.50
巴西	4.00	4.00	4.00	4.00		4.00	4.00	4.00	4.00
白俄罗斯	3.00	3.00	3.00	3.00		3.00	3.00	3.00	3.00
保加利亚	5.00	5.00	5.00	5.00		5.00	5.00	5.00	5.00
波兰	6.00	6.00	6.00	6.00		6.00	6.00	6.00	6.00
德国	6.00	6.00	6.00	6.00		6.00	6.00	6.00	6.00
俄罗斯	4.50	4.50	4.50	4.00		4.20	4.10	4.10	4.00
法国	5.50	5.50	5.50	5.50		5.50	5.50	5.50	5.00
菲律宾	3.50	3.00	3.00	3.00		3.00	3.00	3.00	2.00
哈萨克斯坦	5.00	5.00	5.00	5.00		5.00	5.00	5.00	5.00
韩国	4.00	4.00	4.00	4.00		4.00	4.00	4.00	4.00
荷兰	6.00	6.00	6.00	6.00		6.00	6.00	6.00	6.00

续表

年份 国家	2009	2010	2011	2012	2013	2014	2015	2016	2017
吉尔吉斯斯坦						4.00	4.00	4.00	5.00
加拿大	6.00	6.00	6.00	6.00		6.00	6.00	6.00	6.00
柬埔寨						2.40	2.50	2.50	5.00
捷克	6.00	6.00	6.00	6.00		6.00	6.00	6.00	6.00
肯尼亚	4.00	4.00	4.00	4.00		4.00	4.00	4.00	3.50
老挝						2.40	2.50	2.50	5.00
罗马尼亚	5.00	5.00	5.00	5.00		5.00	5.00	5.00	5.00
马来西亚	5.00	5.00	5.00	5.00		5.00	5.00	5.00	5.00
美国	4.00	4.00	4.00	4.00		4.00	4.00	4.00	4.00
蒙古	5.00	5.00	5.00	5.00		5.00	5.00	5.00	5.00
孟加拉国	3.00	2.50	2.50	2.50		2.50	2.50	2.50	2.50
缅甸	1.00	1.00	1.00	1.50		1.30	1.50	1.50	1.50
墨西哥	4.50	4.50	4.00	3.50		3.80	3.60	3.60	3.00
南非	5.00	5.00	5.00	5.00		5.00	5.00	5.00	5.00
尼日利亚	2.00	2.00	2.00	2.00		2.00	2.00	2.00	2.00
日本	5.00	5.00	5.00	5.00		5.00	5.00	5.00	5.00
沙特阿拉伯	5.00	5.00	5.00	5.00		5.00	5.00	5.00	5.00
斯里兰卡	2.00	2.00	2.00	2.00		2.00	2.00	2.00	3.00
苏丹	0.00	0.00	0.00	0.00		0.00	0.00	0.00	0.00
塔吉克斯坦						4.00	4.00	4.00	5.00
泰国	3.50	3.00	2.00	2.00		2.10	2.00	2.00	2.00
土耳其	2.00	2.00	2.00	2.00		2.00	2.00	2.00	2.00
土库曼斯坦						4.00	4.00	4.00	5.00
委内瑞拉	0.50	0.50	0.50	0.50		0.50	0.50	2.00	0.50
乌克兰	5.00	5.00	5.00	5.00		5.00	5.00	5.00	5.00
乌兹别克斯坦						4.00	4.00	4.00	5.00
希腊	5.00	5.00	5.00	5.00		5.00	5.00	5.00	5.00
新加坡	5.00	5.00	5.00	5.00		5.00	5.00	5.00	5.00

续表

年份\国家	2009	2010	2011	2012	2013	2014	2015	2016	2017
新西兰	6.00	6.00	6.00	6.00		6.00	6.00	6.00	6.00
匈牙利	6.00	6.00	6.00	6.00		6.00	6.00	6.00	6.00
伊拉克	0.00	0.00	0.00	0.00		0.00	0.00	0.00	0.00
伊朗	5.00	5.00	4.50	4.50		4.60	4.50	4.50	4.50
以色列	2.50	2.50	2.50	2.50		2.50	2.50	2.50	2.50
意大利	6.00	6.00	6.00	6.00		6.00	6.00	6.00	6.00
印度	4.00	4.00	4.00	4.00		4.00	4.00	4.00	4.00
印度尼西亚	2.50	2.50	2.50	2.50		2.50	2.50	2.50	2.50
英国	6.00	6.00	6.00	6.00		6.00	6.00	6.00	6.00
越南	3.00	3.00	3.00	3.00		3.00	3.00	3.00	3.00
赞比亚	5.00	5.00	5.00	5.00		5.00	5.00	5.00	5.00

数据来源：ICRG。

表31　　　　　　　　　　　腐败

年份\国家	2009	2010	2011	2012	2013	2014	2015	2016	2017
阿根廷	2.50	2.50	2.50	2.00		2.20	2.10	2.10	2.00
阿联酋						2.50	3.50	3.50	4.00
埃及	2.00	2.00	2.00	2.00		2.00	2.00	2.00	2.00
埃塞俄比亚	2.00	2.00	2.00	1.50		1.70	1.80	1.80	2.00
安哥拉	2.00	2.00	2.00	1.50		1.70	1.60	1.60	1.00
澳大利亚	4.50	5.00	5.00	4.50		4.70	4.60	4.60	4.50
巴基斯坦	2.00	2.00	2.00	2.00		2.00	2.00	2.00	2.00
巴西	3.00	3.00	3.00	2.50		2.70	2.60	2.60	2.00
白俄罗斯	2.00	2.00	2.00	1.50		1.70	1.60	1.60	2.00
保加利亚	2.00	2.00	2.00	2.00		2.00	2.00	2.00	3.00
波兰	2.50	2.50	2.50	3.00		2.80	2.90	2.90	3.50
德国	5.00	5.00	5.00	5.00		5.00	5.00	5.00	5.00

续表

年份\国家	2009	2010	2011	2012	2013	2014	2015	2016	2017
俄罗斯	2.00	2.00	2.00	1.50		1.70	1.60	1.60	1.50
法国	5.00	4.50	4.50	4.50		4.50	4.30	4.30	4.00
菲律宾	2.00	2.00	2.00	2.00		2.00	2.20	2.20	2.50
哈萨克斯坦	1.50	1.50	1.50	1.50		1.50	1.50	1.50	1.50
韩国	3.00	3.00	3.00	3.00		3.00	3.00	3.00	3.00
荷兰	5.00	5.00	5.00	5.00		5.00	5.00	5.00	5.00
吉尔吉斯斯坦						1.00	1.00	1.00	1.50
加拿大	5.00	5.00	5.00	5.00		5.00	5.00	5.00	5.00
柬埔寨						2.00	2.10	2.10	1.50
捷克	2.50	2.50	2.50	2.50		2.50	2.50	2.50	3.00
肯尼亚	0.50	2.00	2.00	1.50		1.70	1.60	1.60	1.50
老挝						2.00	2.10	2.10	1.50
罗马尼亚	2.50	2.50	2.50	2.00		2.20	2.10	2.10	2.50
马来西亚	2.50	2.50	2.50	2.50		2.50	2.50	2.50	2.50
美国	4.00	4.00	4.00	4.00		4.00	3.80	3.80	4.50
蒙古	2.00	2.00	2.00	2.00		2.00	2.00	2.00	2.00
孟加拉国	3.00	3.00	3.00	3.00		3.00	3.00	3.00	2.50
缅甸	1.50	1.50	1.50	1.50		1.50	1.50	1.50	2.00
墨西哥	2.50	2.50	2.00	2.00		2.10	2.00	2.00	1.50
南非	2.50	3.00	2.50	2.50		2.60	2.60	2.60	2.50
尼日利亚	1.50	1.50	1.50	1.50		1.50	1.50	1.50	1.50
日本	3.00	4.50	4.50	4.50		4.50	4.50	4.50	4.50
沙特阿拉伯	2.00	2.50	2.50	2.50		2.50	2.50	2.50	3.50
斯里兰卡	2.50	2.50	2.50	2.50		2.50	2.50	2.50	2.00
苏丹	1.00	1.00	1.00	0.50		0.70	0.60	0.60	0.50
塔吉克斯坦						1.00	1.00	1.00	1.50
泰国	2.00	2.00	2.00	2.00		2.00	2.00	2.00	2.00
土耳其	2.50	2.50	2.50	2.50		2.50	2.50	2.50	2.50

续表

年份 国家	2009	2010	2011	2012	2013	2014	2015	2016	2017
土库曼斯坦						1.00	1.00	1.00	1.50
委内瑞拉	1.00	1.00	1.00	1.00		1.00	1.00	1.00	1.00
乌克兰	2.00	2.00	2.00	1.50		1.70	1.60	1.60	2.00
乌兹别克斯坦						1.00	1.00	1.00	1.50
希腊	2.00	2.00	2.00	2.00		2.00	2.00	2.00	2.50
新加坡	4.50	4.50	4.50	4.50		4.50	4.50	4.50	5.00
新西兰	5.50	5.50	5.50	5.50		5.50	5.50	5.50	5.50
匈牙利	3.00	3.00	3.00	3.00		3.00	3.00	3.00	3.00
伊拉克	1.50	1.50	1.50	1.00		1.20	1.10	1.10	1.00
伊朗	2.00	1.50	1.50	1.50		1.50	1.50	1.50	1.50
以色列	3.00	3.50	3.50	3.50		3.50	3.50	3.50	3.50
意大利	2.50	2.50	2.50	2.50		2.50	2.50	2.50	3.00
印度	2.50	2.50	2.00	2.50		2.40	2.50	2.50	2.50
印度尼西亚	3.00	3.00	3.00	3.00		3.00	3.00	3.00	3.00
英国	4.00	4.00	4.00	4.50		4.30	4.40	4.40	5.00
越南	3.50	2.50	2.50	2.50		2.50	2.50	2.50	2.00
赞比亚	3.00	3.00	3.00	2.50		2.70	2.60	2.60	2.00

数据来源：ICRG。

表32　　　　　　　　　　　　民主问责

年份 国家	2008	2009	2010	2011	2012	2013	2014	2015	2016	2017
阿根廷	4.50	4.50	4.50	4.50	4.00		4.20	4.20	4.20	4.00
阿联酋							1.00	2.50	2.50	2.50
埃及	2.00	2.00	1.50	1.50	1.50		1.50	1.50	1.50	3.00
埃塞俄比亚	3.50	3.50	3.00	2.50	2.50		2.60	2.50	2.50	2.50
安哥拉	2.00	2.00	2.00	2.50	2.50		2.50	2.50	2.50	2.50
澳大利亚	6.00	6.00	6.00	6.00	6.00		6.00	6.00	6.00	6.00

续表

年份 国家	2008	2009	2010	2011	2012	2013	2014	2015	2016	2017
巴基斯坦	1.50	2.00	3.00	3.00	3.00		3.00	3.60	3.60	4.50
巴西	5.00	5.00	5.00	5.00	5.00		5.00	5.00	5.00	5.00
白俄罗斯	1.50	1.50	1.50	1.50	1.00		1.20	1.10	1.10	1.00
保加利亚	5.50	5.50	5.50	5.50	5.50		5.50	5.50	5.50	5.50
波兰	6.00	6.00	6.00	6.00	6.00		6.00	6.00	6.00	5.50
德国	6.00	6.00	6.00	6.00	6.00		6.00	6.00	6.00	6.00
俄罗斯	2.50	2.50	2.50	2.00	2.00		2.10	2.00	2.00	2.00
法国	6.00	6.00	6.00	6.00	6.00		6.00	6.00	6.00	6.00
菲律宾	5.00	5.00	5.00	5.00	5.00		5.00	5.00	5.00	5.00
哈萨克斯坦	2.00	2.00	2.00	1.50	1.50		1.60	1.50	1.50	1.50
韩国	6.00	6.00	6.00	5.50	5.50		5.60	5.50	5.50	5.50
荷兰	6.00	6.00	6.00	6.00	6.00		6.00	6.00	6.00	6.00
吉尔吉斯斯坦							1.10	1.00	1.00	1.50
加拿大	6.00	6.00	5.50	5.50	6.00		5.80	6.00	6.00	6.00
柬埔寨							2.90	2.90	2.90	1.50
捷克	5.50	5.50	5.50	5.50	5.50		5.50	5.50	5.50	5.00
肯尼亚	5.00	5.00	5.50	5.50	5.50		5.50	5.40	5.40	5.00
老挝							2.90	2.90	2.90	1.50
罗马尼亚	6.00	6.00	6.00	6.00	6.00		6.00	6.00	6.00	6.00
马来西亚	4.50	4.50	4.50	4.00	4.00		4.10	4.10	4.10	4.00
美国	6.00	6.00	6.00	6.00	6.00		6.00	6.00	6.00	6.00
蒙古	4.00	4.00	4.00	4.00	4.00		4.00	4.00	4.00	4.00
孟加拉国	3.00	3.50	3.50	3.50	3.50		3.50	3.50	3.50	4.00
缅甸	0.00	0.00	0.00	2.00	2.50		2.10	2.30	2.30	3.00
墨西哥	6.00	6.00	6.00	6.00	6.00		6.00	6.00	6.00	4.00
南非	5.00	5.00	5.00	5.00	5.00		5.00	5.00	5.00	5.00
尼日利亚	3.50	3.50	3.50	3.50	3.50		3.50	3.50	3.50	4.50
日本	5.00	5.00	5.00	5.00	5.00	0.00	5.00	5.00	5.00	5.00

续表

年份 国家	2008	2009	2010	2011	2012	2013	2014	2015	2016	2017
沙特阿拉伯	0.50	1.00	1.00	1.00	1.00		1.00	1.00	1.00	2.00
斯里兰卡	4.00	4.00	3.00	3.00	3.00		3.00	3.00	3.00	4.00
苏丹	2.00	2.00	2.00	2.00	2.00		2.00	2.00	2.00	2.00
塔吉克斯坦							1.10	1.00	1.00	1.50
泰国	4.50	4.50	4.50	4.50	4.50		4.50	4.50	4.50	2.50
土耳其	5.00	5.00	4.50	4.00	4.00		4.10	3.80	3.80	3.00
土库曼斯坦							1.10	1.00	1.00	1.50
委内瑞拉	3.00	3.00	3.00	3.00	3.00		3.00	3.00	3.00	2.50
乌克兰	5.50	5.50	5.00	5.00	5.00		5.00	5.00	5.00	5.00
乌兹别克斯坦							1.10	1.00	1.00	1.50
希腊	6.00	6.00	6.00	6.00	6.00		6.00	6.00	6.00	6.00
新加坡	2.00	2.00	2.00	2.00	2.00		2.00	2.00	2.00	2.00
新西兰	6.00	6.00	6.00	6.00	6.00		6.00	6.00	6.00	6.00
匈牙利	6.00	6.00	5.50	5.50	5.50		5.50	5.50	5.50	5.50
伊拉克	4.00	4.00	4.50	4.50	4.50		4.50	4.30	4.30	4.00
伊朗	4.50	4.00	4.00	3.00	2.50		2.80	2.70	2.70	3.00
以色列	6.00	6.00	6.00	6.00	6.00		6.00	6.00	6.00	6.00
意大利	5.50	5.50	5.50	5.50	5.50		5.50	5.50	5.50	5.50
印度	6.00	6.00	6.00	6.00	6.00		6.00	6.00	6.00	6.00
印度尼西亚	5.00	5.00	5.00	5.00	5.00		5.00	5.00	5.00	4.00
英国	6.00	6.00	6.00	6.00	6.00		6.00	6.00	6.00	6.00
越南	1.00	1.00	1.50	1.50	1.50		1.50	1.50	1.50	1.50
赞比亚	4.00	4.00	4.00	4.00	4.00		4.00	4.00	4.00	4.00

数据来源：ICRG。

表33　　　　　　　　　　　政府有效性

国家＼年份	2009	2010	2011	2012	2013	2014	2015	2016	2017
阿根廷	-0.33	-0.19	-0.14	-0.25	-0.29	-0.29	-0.20	-0.20	-0.20
阿联酋	1.02	0.91	1.06	1.14	1.17	1.17	1.40	1.40	1.40
埃及	-0.27	-0.38	-0.54	-0.77	-0.89	-0.89	-0.80	-0.80	-0.80
埃塞俄比亚	-0.49	-0.42	-0.47	-0.44	-0.52	-0.52	-0.50	-0.50	-0.50
安哥拉	-0.97	-1.13	-1.15	-1.02	-1.26	-1.26	-1.20	-1.20	-1.20
澳大利亚	1.70	1.77	1.70	1.61	1.62	1.62	1.60	1.60	1.60
巴基斯坦	-0.78	-0.76	-0.81	-0.79	-0.80	-0.80	-0.80	-0.80	-0.80
巴西	-0.10	-0.04	-0.12	-0.12	-0.08	-0.08	-0.10	-0.10	-0.10
白俄罗斯	-1.15	-1.14	-1.10	-0.94	-0.94	-0.94	-0.70	-0.70	-0.70
保加利亚	0.16	0.11	0.11	0.14	0.15	0.15	0.10	0.10	0.10
波兰	0.52	0.64	0.62	0.66	0.71	0.71	0.80	0.80	0.80
德国	1.59	1.57	1.55	1.57	1.52	1.52	1.70	1.70	1.70
俄罗斯	-0.40	-0.45	-0.45	-0.43	-0.36	-0.36	-0.20	-0.20	-0.20
法国	1.49	1.45	1.37	1.33	1.47	1.47	1.40	1.40	1.40
菲律宾	-0.03	-0.02	0.08	0.08	0.06	0.06	0.10	0.10	0.10
哈萨克斯坦	-0.36	-0.43	-0.43	-0.44	-0.54	-0.54	-0.20	-0.20	-0.20
韩国	1.11	1.22	1.26	1.20	1.12	1.12	1.20	1.20	1.20
荷兰	1.74	1.73	1.79	1.80	1.77	1.77	1.80	1.80	1.80
吉尔吉斯斯坦						-1.04	-0.80	-0.80	-0.80
加拿大	1.75	1.79	1.78	1.75	1.77	1.77	1.80	1.80	1.80
柬埔寨	-0.91	-0.92	-0.85	-0.83	-0.92	-0.92	-0.80	-0.80	-0.80
捷克	0.89	0.91	0.93	0.92	0.88	0.88	1.00	1.00	1.00
肯尼亚	-0.60	-0.54	-0.57	-0.55	-0.49	-0.49	-0.40	-0.40	-0.40
老挝	-0.96	-0.87	-0.85	-0.88	-0.76	-0.76	-0.50	-0.50	-0.50
罗马尼亚	-0.36	-0.25	-0.31	-0.31	-0.07	-0.07	-0.10	-0.10	-0.10
马来西亚	1.00	1.13	1.03	1.01	1.10	1.10	1.10	1.10	1.10

续表

年份 国家	2009	2010	2011	2012	2013	2014	2015	2016	2017
美国	1.50	1.55	1.51	1.51	1.50	1.50	1.50	1.50	1.50
蒙古	-0.66	-0.57	-0.58	-0.63	-0.54	-0.54	-0.50	-0.50	-0.50
孟加拉国	-0.79	-0.75	-0.76	-0.83	-0.82	-0.82	-0.8	-0.80	-0.80
缅甸	-1.64	-1.65	-1.63	-1.53	-1.51	-1.51	-1.40	-1.40	-1.40
墨西哥	0.16	0.14	0.31	0.32	0.31	0.31	0.20	0.20	0.20
南非	0.48	0.39	0.41	0.33	0.43	0.43	0.40	0.40	0.40
尼日利亚	-1.2	-1.15	-1.07	-0.99	-1.01	-1.01	-1.10	-1.10	-1.10
日本	1.46	1.52	1.47	1.40	1.59	1.59	1.70	1.70	1.70
沙特阿拉伯	-0.06	0.03	-0.32	0.03	0.06	0.06	0.20	0.20	0.20
斯里兰卡	-0.12	-0.18	-0.10	-0.24	-0.23	-0.23	0.00	0.00	0.00
苏丹	-1.27	-1.37	-1.39	-1.46	-1.53	-1.53	-1.60	-1.60	-1.60
塔吉克斯坦	-1.08	-0.9	-0.94	-0.93	-1.08	-1.08	-0.90	-0.90	-0.90
泰国	0.28	0.19	0.21	0.21	0.21	0.21	0.30	0.30	0.30
土耳其	0.29	0.31	0.36	0.40	0.37	0.37	0.40	0.40	0.40
土库曼斯坦	-1.47	-1.58	-1.61	-1.29	-1.32	-1.32	-1.00	-1.00	-1.00
委内瑞拉	-0.97	-1.10	-1.19	-1.14	-1.14	-1.14	-1.20	-1.20	-1.20
乌克兰	-0.80	-0.75	-0.81	-0.58	-0.65	-0.65	-0.50	-0.50	-0.50
乌兹别克斯坦	-0.65	-0.74	-0.72	-0.94	-0.94	-0.94	-0.80	-0.80	-0.80
希腊	0.61	0.55	0.5	0.31	0.45	0.45	0.40	0.40	0.40
新加坡	2.28	2.26	2.17	2.15	2.07	2.07	2.20	2.20	2.20
新西兰	1.85	1.81	1.88	1.79	1.75	1.75	1.90	1.90	1.90
匈牙利	0.68	0.67	0.68	0.62	0.64	0.64	0.60	0.60	0.60
伊拉克	-1.20	-1.22	-1.15	-1.11	-1.08	-1.08	-1.10	-1.10	-1.10
伊朗	-0.57	-0.48	-0.44	-0.54	-0.70	-0.70	-0.50	-0.50	-0.50
以色列	1.26	1.37	1.33	1.25	1.22	1.22	1.20	1.20	1.20
意大利	0.42	0.45	0.38	0.41	0.45	0.45	0.40	0.40	0.40
印度	-0.01	0.02	-0.01	-0.18	-0.19	-0.19	-0.20	-0.20	-0.20
印度尼西亚	-0.28	-0.20	-0.25	-0.29	-0.24	-0.24	-0.10	-0.10	-0.10

续表

年份 国家	2009	2010	2011	2012	2013	2014	2015	2016	2017
英国	1.50	1.56	1.55	1.53	1.47	1.47	1.60	1.60	1.60
越南	-0.25	-0.26	-0.23	-0.29	-0.30	-0.30	-0.20	-0.20	-0.20
赞比亚	-0.79	-0.83	-0.64	-0.5	-0.48	-0.48	-0.50	-0.50	-0.50

数据来源：WGI。

表34　　　　　　　　　　　　　　法治

年份 国家	2009	2010	2011	2012	2013	2014	2015	2016	2017
阿根廷	-0.71	-0.62	-0.59	-0.71	-0.73	-0.73	-0.80	-0.80	-0.80
阿联酋	0.46	0.37	0.53	0.56	0.64	0.64	0.70	0.70	0.70
埃及	-0.06	-0.12	-0.4	-0.46	-0.60	-0.60	-0.60	-0.60	-0.60
埃塞俄比亚	-0.78	-0.75	-0.70	-0.66	-0.62	-0.62	-0.50	-0.50	-0.50
安哥拉	-1.24	-1.26	-1.25	-1.28	-1.28	-1.28	-1.20	-1.20	-1.20
澳大利亚	1.73	1.76	1.74	1.75	1.75	1.75	1.90	1.90	1.90
巴基斯坦	-0.84	-0.74	-0.91	-0.91	-0.88	-0.88	-0.80	-0.80	-0.80
巴西	-0.22	0.00	-0.01	-0.11	-0.12	-0.12	-0.10	-0.10	-0.10
白俄罗斯	-1.00	-1.04	-1.08	-0.92	-0.89	-0.89	-0.80	-0.80	-0.80
保加利亚	-0.07	-0.10	-0.14	-0.12	-0.14	-0.14	-0.10	-0.10	-0.10
波兰	0.60	0.66	0.75	0.74	0.79	0.79	0.80	0.80	0.80
德国	1.64	1.62	1.61	1.64	1.62	1.62	1.80	1.80	1.80
俄罗斯	-0.77	-0.77	-0.74	-0.82	-0.78	-0.78	-0.70	-0.70	-0.70
法国	1.43	1.51	1.44	1.43	1.40	1.40	1.40	1.40	1.40
菲律宾	-0.60	-0.58	-0.54	-0.55	-0.43	-0.43	-0.40	-0.40	-0.40
哈萨克斯坦	-0.63	-0.61	-0.59	-0.66	-0.67	-0.67	-0.60	-0.60	-0.60
韩国	0.98	0.99	1.02	0.97	0.94	0.94	1.00	1.00	1.00
荷兰	1.80	1.81	1.81	1.84	1.81	1.81	1.90	1.90	1.90
吉尔吉斯斯坦	-1.32	-1.28	-1.23	-1.15	-1.14	-1.14	-1.00	-1.00	-1.00
加拿大	1.81	1.81	1.74	1.75	1.74	1.74	1.80	1.80	1.80

续表

年份\国家	2009	2010	2011	2012	2013	2014	2015	2016	2017
柬埔寨	-1.09	-1.09	-1.02	-0.97	-0.99	-0.99	-1.00	-1.00	-1.00
捷克	0.94	0.93	1.02	1.01	1.00	1.00	1.10	1.10	1.10
肯尼亚	-1.05	-0.99	-0.95	-0.86	-0.74	-0.74	-0.60	-0.60	-0.60
老挝	-1.00	-0.92	-0.95	-0.83	-0.77	-0.77	-0.70	-0.70	-0.70
罗马尼亚	0.03	0.04	0.05	0.02	0.11	0.11	0.10	0.10	0.10
马来西亚	0.49	0.53	0.52	0.51	0.48	0.48	0.60	0.60	0.60
美国	1.58	1.63	1.61	1.60	1.54	1.54	1.60	1.60	1.60
蒙古	-0.28	-0.39	-0.30	-0.38	-0.37	-0.37	-0.40	-0.40	-0.40
孟加拉国	-0.77	-0.79	-0.71	-0.91	-0.83	-0.83	-0.80	-0.80	-0.80
缅甸	-1.47	-1.51	-1.43	-1.35	-1.22	-1.22	-1.20	-1.20	-1.20
墨西哥	-0.61	-0.58	-0.55	-0.56	-0.58	-0.58	-0.50	-0.50	-0.50
南非	0.09	0.11	0.13	0.08	0.13	0.13	0.10	0.10	0.10
尼日利亚	-1.16	-1.17	-1.21	-1.18	-1.16	-1.16	-1.10	-1.10	-1.10
日本	1.30	1.33	1.30	1.32	1.41	1.41	1.50	1.50	1.50
沙特阿拉伯	0.16	0.26	0.14	0.24	0.26	0.26	0.30	0.30	0.30
斯里兰卡	-0.07	-0.08	-0.07	-0.11	-0.27	-0.27	-0.20	-0.20	-0.20
苏丹	-1.23	-1.30	-1.22	-1.21	-1.25	-1.25	-1.20	-1.20	-1.20
塔吉克斯坦	-1.23	-1.18	-1.21	-1.18	-1.24	-1.24	-1.10	-1.10	-1.10
泰国	-0.22	-0.20	-0.21	-0.17	-0.13	-0.13	-0.10	-0.10	-0.10
土耳其	0.10	0.12	0.08	0.04	0.08	0.08	0.10	0.10	0.10
土库曼斯坦	-1.42	-1.45	-1.42	-1.38	-1.36	-1.36	-1.30	-1.30	-1.30
委内瑞拉	-1.59	-1.64	-1.67	-1.69	-1.79	-1.79	-1.80	-0.60	-0.60
乌克兰	-0.77	-0.81	-0.83	-0.79	-0.83	-0.83	-0.80	-0.80	-0.80
乌兹别克斯坦	-1.27	-1.37	-1.41	-1.27	-1.20	-1.20	-1.10	-1.10	-1.10
希腊	0.62	0.61	0.55	0.39	0.44	0.44	0.40	0.40	0.40
新加坡	1.60	1.68	1.73	1.77	1.74	1.74	1.80	1.80	1.80
新西兰	1.94	1.87	1.91	1.88	1.86	1.86	2.00	2.00	2.00
匈牙利	0.76	0.75	0.74	0.60	0.56	0.56	0.50	0.50	0.50

续表

年份 国家	2009	2010	2011	2012	2013	2014	2015	2016	2017
伊拉克	-1.77	-1.62	-1.51	-1.50	-1.47	-1.47	-1.40	-1.40	-1.40
伊朗	-0.94	-0.98	-0.94	-0.90	-0.98	-0.98	-1.00	-1.00	-1.00
以色列	0.82	0.90	1.00	0.92	0.95	0.95	1.00	1.00	1.00
意大利	0.35	0.38	0.42	0.36	0.36	0.36	0.30	0.30	0.30
印度	0.02	-0.04	-0.11	-0.10	-0.10	-0.10	-0.10	-0.10	-0.10
印度尼西亚	-0.60	-0.64	-0.61	-0.60	-0.55	-0.55	-0.40	-0.40	-0.40
英国	1.73	1.76	1.64	1.69	1.67	1.67	1.80	1.80	1.80
越南	-0.47	-0.53	-0.48	-0.50	-0.49	-0.49	-0.40	-0.40	-0.40
赞比亚	-0.49	-0.50	-0.47	-0.40	-0.31	-0.31	-0.30	-0.30	-0.30

数据来源：WGI。

表35　　　　　　　　　　　　　　外部冲突

年份 国家	2009	2010	2011	2012	2013	2014	2015	2016	2017
阿根廷	9.50	9.50	9.50	9.50		9.50	9.50	9.50	9.50
阿联酋						9.40	11.00	11.00	9.00
埃及	10.00	10.00	9.50	9.00		9.30	9.10	9.10	9.50
埃塞俄比亚	7.50	7.00	7.00	7.00		7.00	7.10	7.10	7.00
安哥拉	11.00	11.00	11.00	11.00		11.00	11.00	11.00	10.50
澳大利亚	10.00	10.00	11.00	11.00		10.90	11.00	11.00	11.00
巴基斯坦	8.50	8.50	8.50	8.50		8.50	8.70	8.70	9.00
巴西	10.50	10.50	10.50	10.50		10.50	10.50	10.50	10.50
白俄罗斯	9.00	9.00	8.50	8.50		8.60	8.50	8.50	10.00
保加利亚	9.00	9.00	9.00	9.00		9.00	9.00	9.00	9.00
波兰	11.00	10.50	10.50	10.50		10.50	10.50	10.50	10.50
德国	10.50	10.50	10.50	10.50		10.50	10.50	10.50	10.50
俄罗斯	9.00	9.00	9.00	9.00		9.00	9.00	9.00	6.50
法国	10.00	10.00	10.00	10.00		10.00	10.00	10.00	10.00

续表

年份\国家	2009	2010	2011	2012	2013	2014	2015	2016	2017
菲律宾	11.00	11.00	11.00	11.00		11.00	10.90	10.90	10.00
哈萨克斯坦	11.00	11.00	11.00	11.00		11.00	11.00	11.00	11.00
韩国	8.50	7.50	8.00	8.00		8.00	8.10	6.80	8.50
荷兰	12.00	12.00	12.00	12.00		12.00	12.00	12.00	12.00
吉尔吉斯斯坦						10.00	10.00	10.00	11.00
加拿大	11.00	11.00	11.00	11.00		11.00	11.00	11.00	11.00
柬埔寨						10.50	10.60	10.60	11.00
捷克	10.50	10.50	10.50	10.50		10.50	10.50	10.50	10.50
肯尼亚	9.00	9.50	9.50	9.50		9.50	9.50	9.50	9.50
老挝						10.50	10.60	10.60	11.00
罗马尼亚	11.00	11.00	11.00	11.00		11.00	11.00	11.00	11.00
马来西亚	10.50	10.50	10.50	10.50		10.50	10.50	10.50	10.50
美国	10.00	9.50	10.50	10.50		10.40	10.30	10.30	10.00
蒙古	11.50	11.50	11.50	11.50		11.50	11.50	11.50	11.50
孟加拉国	8.50	8.50	8.50	8.50		8.50	8.50	8.50	8.50
缅甸	8.00	8.00	8.00	9.50		8.90	9.40	9.40	9.00
墨西哥	11.00	10.50	10.50	10.50		10.50	10.50	10.50	10.50
南非	10.50	10.50	10.50	10.50		10.50	10.50	10.50	10.50
尼日利亚	9.50	9.50	9.50	9.50		9.50	9.50	9.50	9.00
日本	9.50	9.00	9.00	9.00		9.00	8.90	8.90	9.50
沙特阿拉伯	8.50	8.50	9.50	9.50		9.40	9.40	9.40	8.00
斯里兰卡	11.00	11.00	11.00	10.50		10.70	10.60	10.60	11.00
苏丹	9.00	8.50	7.50	7.00		7.30	6.80	6.80	7.50
塔吉克斯坦						10.00	10.00	10.00	11.00
泰国	9.00	9.00	9.00	9.00		9.00	9.00	9.00	9.00
土耳其	7.50	7.50	7.50	7.50		7.50	7.30	7.30	7.50
土库曼斯坦						10.00	10.00	10.00	11.00
委内瑞拉	8.00	8.50	8.50	8.50		8.50	8.30	8.30	8.00

续表

年份 国家	2009	2010	2011	2012	2013	2014	2015	2016	2017
乌克兰	9.50	10.00	10.00	10.00		10.00	10.00	10.00	7.00
乌兹别克斯坦						10.00	10.00	10.00	11.00
希腊	10.00	10.00	10.50	10.50		10.50	10.50	10.50	10.50
新加坡	10.50	10.50	10.50	10.50		10.50	10.50	10.50	10.50
新西兰	10.50	10.50	10.50	10.50		10.50	10.50	10.50	10.00
匈牙利	10.50	10.50	10.50	10.00		10.20	10.10	10.10	10.00
伊拉克	7.00	8.50	8.50	8.50		8.50	8.50	8.50	8.00
伊朗	6.00	6.00	5.50	5.50		5.60	5.60	5.60	8.50
以色列	6.00	6.50	7.00	7.00		7.00	7.40	7.40	8.00
意大利	11.00	11.00	11.00	11.00		11.00	11.00	11.00	11.00
印度	9.50	9.50	9.50	9.50		9.50	9.50	9.50	9.00
印度尼西亚	10.50	10.50	10.50	10.50		10.50	10.50	10.50	9.00
英国	6.50	8.50	9.50	9.50		9.40	9.40	9.40	9.50
越南	11.50	11.50	11.50	11.50		11.50	11.50	11.50	9.50
赞比亚	10.00	10.00	10.50	10.50		10.50	10.50	10.50	10.50

数据来源：ICRG。

表36　　　　　　　　　　　　贸易依存度

年份 国家	2009	2010	2011	2012	2013	2014	2015	2016	2017
阿根廷	0.044	0.055	0.05	0.052	0.051	0.051	0.064	0.206	0.122
阿联酋						0.077	0.055	0.134	0.083
埃及	0.048	0.051	0.06	0.062		0.062	0.078	0.375	0.133
埃塞俄比亚	0.087	0.076	0.052	0.067		0.067	0.084	0.634	0.155
安哥拉	0.139	0.189	0.162	0.203	0.195	0.195	0.179	0.612	0.567
澳大利亚	0.110	0.122	0.129	0.133	0.153	0.153	0.158	0.910	0.352
巴基斯坦	0.074	0.081	0.083	0.097	0.109	0.109	0.145	0.709	0.297
巴西	0.086	0.093	0.10	0.104	0.105	0.105	0.106	0.329	0.266

续表

年份 国家	2009	2010	2011	2012	2013	2014	2015	2016	2017
白俄罗斯	0.009	0.011	0.008	0.009	0.01	0.01	0.016	0.059	0.028
保加利亚	0.010	0.011	0.013	0.017	0.017	0.017	0.017	0.152	0.039
波兰	0.018	0.018	0.018	0.02	0.02	0.02	0.024	0.070	0.053
德国	0.054	0.058	0.057	0.054	0.052	0.052	0.053	0.098	0.070
俄罗斯	0.050	0.054	0.059	0.063	0.063	0.063	0.072	0.205	0.178
法国	0.026	0.029	0.028	0.028	0.027	0.027	0.030	0.069	0.051
菲律宾	0.147	0.159	0.171	0.168	0.183	0.183	0.183	0.610	0.255
哈萨克斯坦	0.101	0.112	0.103	0.098	0.111	0.111	0.096	0.328	0.290
韩国	0.154	0.156	0.144	0.146	0.154	0.154	0.178	0.456	0.311
荷兰	0.038	0.042	0.043	0.043	0.043	0.043	0.04	0.104	0.073
吉尔吉斯斯坦	0.593	0.442	0.402	0.363	0.336	0.336	0.378	0.800	0.997
加拿大	0.030	0.030	0.033	0.034	0.036	0.036	0.040	0.117	0.064
柬埔寨	0.061	0.077	0.105	0.107	0.118	0.118	0.085	0.333	0.255
捷克	0.018	0.022	0.021	0.019	0.020	0.020	0.020	0.071	0.041
肯尼亚	0.047	0.055	0.061	0.066		0.066	0.138	0.585	0.263
老挝	0.150	0.143	0.152	0.162	0.259	0.259	0.225	0.800	0.373
罗马尼亚	0.018	0.02	0.018	0.017	0.017	0.017	0.018	0.058	0.041
马来西亚	0.107	0.118	0.124	0.127	0.144	0.144	0.142	0.488	0.268
美国	0.131	0.131	0.126	0.129	0.133	0.133	0.144	0.254	0.158
蒙古	0.309	0.335	0.304	0.321	0.304	0.304	0.317	0.969	0.769
孟加拉国	0.066	0.073	0.07	0.075	0.082	0.082	0.104	0.401	0.201
缅甸	0.158	0.199	0.215	0.221	0.277	0.277	0.351	0.800	0.508
墨西哥	0.021	0.025	0.029	0.030	0.031	0.031	0.033	0.110	0.062
南非	0.065	0.079	0.115	0.156	0.173	0.173	0.129	0.513	0.235
尼日利亚	0.038	0.033	0.036	0.037		0.037	0.079	0.389	0.192

续表

年份 国家	2009	2010	2011	2012	2013	2014	2015	2016	2017
日本	0.167	0.164	0.159	0.148	0.145	0.145	0.145	0.345	0.242
沙特阿拉伯	0.066	0.07	0.076	0.079	0.077	0.077	0.076	0.336	0.157
斯里兰卡	0.051	0.051	0.055	0.055	0.064	0.064	0.078	0.262	0.148
苏丹	0.192	0.215	0.326	0.154	0.143	0.143	0.135	0.608	0.246
塔吉克斯坦	0.185	0.218	0.249	0.178		0.179	0.215	0.800	0.260
泰国	0.081	0.085	0.086	0.088	0.089	0.089	0.100	0.269	0.196
土耳其	0.023	0.028	0.028	0.027	0.030	0.030	0.033	0.115	0.064
土库曼斯坦						0.209	0.199	0.800	0.386
委内瑞拉	0.038	0.052	0.068	0.079		0.079	0.089	0.400	0.238
乌克兰	0.038	0.039	0.038	0.036	0.041	0.041	0.049	0.154	0.098
乌兹别克斯坦						0.209	0.065	0.370	0.196
希腊	0.023	0.027	0.024	0.025	0.023	0.023	0.026	0.072	0.067
新加坡	0.057	0.053	0.05	0.053	0.057	0.057	0.072	0.156	0.126
新西兰	0.047	0.054	0.06	0.066	0.081	0.081	0.083	0.529	0.207
匈牙利	0.024	0.027	0.025	0.024	0.023	0.023	0.022	0.070	0.052
伊拉克	0.036	0.057	0.061	0.063		0.063	0.104	0.421	0.268
伊朗						0.063	0.165	0.367	0.341
以色列	0.029	0.035	0.037	0.038	0.042	0.042	0.046	0.121	0.102
意大利	0.028	0.034	0.033	0.028	0.028	0.028	0.031	0.316	0.057
印度	0.063	0.067	0.061	0.054	0.052	0.052	0.063	0.166	0.135
印度尼西亚	0.080	0.087	0.096	0.100	0.104	0.104	0.099	0.448	0.226
英国	0.033	0.035	0.035	0.037	0.040	0.040	0.046	0.107	0.076
越南	0.092	0.106	0.109	0.122	0.136	0.136	0.158	0.508	0.346
赞比亚	0.093	0.120	0.113	0.098	0.096	0.096	0.077	0.319	0.270

数据来源：CEIC，WDI。

表37　　　　　　　　　　　　　投资依存度

年份 国家	2009	2010	2011	2012	2013	2014	2015	2016	2017
阿根廷	0.001	0.002	0.003	0.005	0.009	0.009	0.009	0.363	0.130
阿联酋	0.004	0.006	0.008	0.008	0.008	0.008	0.011	0.180	0.000
埃及	0.003	0.003	0.003	0.003	0.003	0.003	0.004	0.100	0.011
埃塞俄比亚	0.037	0.044	0.045	0.060	0.064	0.064	0.063	0.548	0.050
安哥拉	0.007	0.015	0.023	0.323	0.349	0.349	0.064	0.040	0.000
澳大利亚	0.018	0.019	0.022	0.024	0.028	0.028	0.035	0.706	0.074
巴基斯坦	0.044	0.049	0.054	0.050	0.044	0.044	0.063	0.672	0.547
巴西	0.001	0.002	0.002	0.002	0.003	0.003	0.003	0.096	0.005
白俄罗斯	0.000	0.001	0.001	0.003	0.004	0.004	0.007	0.439	0.039
保加利亚	0.000	0.000	0.001	0.001	0.002	0.002	0.002	0.762	0.042
波兰	0.001	0.001	0.001	0.001	0.001	0.001	0.001	0.022	0.006
德国	0.003	0.003	0.004	0.005	0.005	0.005	0.007	0.430	0.044
俄罗斯	0.007	0.007	0.009	0.010	0.012	0.012	0.016	0.208	0.001
法国	0.001	0.001	0.006	0.006	0.005	0.005	0.011	0.116	0.021
菲律宾	0.003	0.008	0.010	0.011	0.011	0.011	0.007	0.120	0.014
哈萨克斯坦	0.013	0.012	0.016	0.031	0.032	0.032	0.033	0.530	0.039
韩国	0.008	0.003	0.008	0.013	0.007	0.007	0.009	0.276	0.050
荷兰	0.001	0.001	0.001	0.002	0.005	0.005	0.006	0.267	0.022
吉尔吉斯斯坦	0.100	0.117	0.109	0.124	0.128	0.128	0.14	0.672	0.213
加拿大	0.005	0.006	0.008	0.009	0.009	0.009	0.011	0.463	0.037
柬埔寨	0.062	0.097	0.136	0.147	0.154	0.154	0.125	0.672	0.199
捷克	0.000	0.000	0.000	0.001	0.001	0.001	0.001	0.267	0.004
肯尼亚	0.029	0.049	0.059	0.070	0.094	0.094	0.098	0.672	0.460
老挝	0.168	0.225	0.293	0.390	0.501	0.501	0.621	0.672	0.550
罗马尼亚	0.001	0.001	0.001	0.001	0.001	0.001	0.001	0.138	0.008
马来西亚	0.004	0.005	0.004	0.005	0.007	0.007	0.008	0.493	0.110
美国	0.007	0.008	0.012	0.018	0.019	0.019	0.025	0.205	0.037
蒙古	0.223	0.147	0.100	0.113	0.111	0.111	0.115	0.057	0.091

续表

年份 国家	2009	2010	2011	2012	2013	2014	2015	2016	2017
孟加拉国	0.006	0.006	0.006	0.008	0.009	0.009	0.009	0.134	0.010
缅甸	0.060	0.114	0.115	0.133	0.129	0.129	0.113	0.672	0.140
墨西哥	0.001	0.000	0.001	0.001	0.001	0.001	0.001	0.120	0.002
南非	0.013	0.018	0.018	0.019	0.019	0.019	0.024	0.380	0.591
尼日利亚	0.012	0.012	0.012	0.015	0.015	0.015	0.015	0.114	0.082
日本	0.003	0.004	0.005	0.005	0.007	0.007	0.009	0.211	0.005
沙特阿拉伯	0.004	0.003	0.003	0.004	0.006	0.006	0.006	0.543	0.175
斯里兰卡	0.002	0.007	0.014	0.013	0.019	0.019	0.018	0.195	0.111
苏丹	0.017	0.016	0.034			0.034	0.039	0.630	0.100
塔吉克斯坦	0.082	0.083	0.084	0.153	0.185	0.185	0.194	0.672	0.507
泰国	0.003	0.005	0.006	0.008	0.009	0.009	0.009	0.150	0.046
土耳其	0.002	0.002	0.002	0.002	0.003	0.003	0.003	0.524	0.011
土库曼斯坦	0.011	0.026	0.009	0.007	0.006	0.006	0.009	0.140	0.000
委内瑞拉	0.004	0.006	0.006	0.023	0.023	0.023	0.043	0.544	0.155
乌克兰	0.000	0.000	0.000	0.000	0.000	0.000	0.001	0.120	0.002
乌兹别克斯坦	0.012	0.008	0.011	0.010	0.012	0.012	0.022	0.280	0.000
希腊	0.000	0.000	0.000	0.000	0.002	0.002	0.003	0.267	0.001
新加坡	0.015	0.014	0.020	0.019	0.020	0.020	0.023	0.444	0.103
新西兰	0.001	0.001	0.001	0.002	0.004	0.004	0.007	0.267	0.076
匈牙利	0.001	0.003	0.003	0.003	0.003	0.003	0.003	0.267	0.013
伊拉克	0.002	0.031	0.031	0.031	0.011	0.011	0.008	0.130	0.350
伊朗	0.005	0.013	0.022	0.029	0.037	0.037	0.042	0.680	0.003
以色列	0.000	0.000	0.000	0.000	0.000	0.000	0.000	0.186	0.357
意大利	0.001	0.001	0.001	0.001	0.001	0.001	0.001	0.031	0.057
印度	0.001	0.002	0.002	0.004	0.007	0.007	0.009	0.159	0.008
印度尼西亚	0.005	0.005	0.007	0.010	0.014	0.014	0.017	0.280	0.060
英国	0.003	0.003	0.004	0.011	0.013	0.013	0.011	0.073	0.009
越南	0.009	0.010	0.012	0.013	0.015	0.015	0.017	0.445	0.042
赞比亚	0.049	0.049	0.056	0.082	0.078	0.078	0.077	0.672	0.548

数据来源：CEIC，WDI。

表38　　　　　　　　是否签订BIT

国家 \ 年份	2018
阿根廷	1.00
阿联酋	1.00
埃及	1.00
埃塞俄比亚	1.00
安哥拉	0.00
澳大利亚	1.00
巴基斯坦	1.00
巴西	0.00
白俄罗斯	1.00
保加利亚	1.00
波兰	1.00
德国	1.00
俄罗斯	1.00
法国	1.00
菲律宾	1.00
哈萨克斯坦	1.00
韩国	1.00
荷兰	1.00
吉尔吉斯斯坦	0.00
加拿大	1.00
柬埔寨	1.00
捷克	0.00
肯尼亚	0.50
老挝	1.00
罗马尼亚	1.00
马来西亚	1.00
美国	0.00
蒙古	1.00

续表

国家 \ 年份	2018
孟加拉国	1.00
缅甸	1.00
墨西哥	1.00
南非	1.00
尼日利亚	1.00
日本	1.00
沙特阿拉伯	1.00
斯里兰卡	1.00
苏丹	1.00
塔吉克斯坦	1.00
泰国	1.00
土耳其	1.00
土库曼斯坦	1.00
委内瑞拉	1.00
乌克兰	0.00
乌兹别克斯坦	1.00
希腊	1.00
新加坡	1.00
新西兰	1.00
匈牙利	1.00
伊拉克	1.00
伊朗	0.00
以色列	1.00
意大利	1.00
印度	1.00
印度尼西亚	0.00
英国	0.00
越南	1.00
赞比亚	1.00

数据来源：中国商务部。

表39　　　　　　　　　　签证情况

国家 \ 年份	2018
阿根廷	0.50
阿联酋	0.50
埃及	0.50
埃塞俄比亚	0.50
安哥拉	0.50
澳大利亚	0.30
巴基斯坦	1.00
巴西	0.50
白俄罗斯	0.80
保加利亚	0.50
波兰	0.50
德国	0.50
俄罗斯	0.80
法国	0.30
菲律宾	0.50
哈萨克斯坦	0.50
韩国	0.50
荷兰	0.30
吉尔吉斯斯坦	0.50
加拿大	0.30
柬埔寨	0.50
捷克	0.30
肯尼亚	0.50
老挝	0.70
罗马尼亚	0.50
马来西亚	0.50
美国	0.30
蒙古	0.70

续表

国家 \ 年份	2018
孟加拉国	0.70
缅甸	0.50
墨西哥	0.50
南非	0.30
尼日利亚	0.70
日本	0.00
沙特阿拉伯	0.00
斯里兰卡	0.70
苏丹	0.50
塔吉克斯坦	0.80
泰国	0.50
土耳其	0.50
土库曼斯坦	1.00
委内瑞拉	0.70
乌克兰	0.50
乌兹别克斯坦	0.50
希腊	0.30
新加坡	0.70
新西兰	0.00
匈牙利	0.50
伊拉克	0.00
伊朗	0.50
以色列	0.30
意大利	0.30
印度	0.00
印度尼西亚	0.50
英国	0.50
越南	0.70
赞比亚	0.00

数据来源：中国商务部。

表40　　　　　　　　投资受阻程度

国家 \ 年份	2018
阿根廷	0.50
阿联酋	0.70
埃及	0.70
埃塞俄比亚	0.80
安哥拉	0.80
澳大利亚	0.40
巴基斯坦	0.80
巴西	0.70
白俄罗斯	0.70
保加利亚	0.70
波兰	0.70
德国	0.70
俄罗斯	0.80
法国	0.70
菲律宾	0.60
哈萨克斯坦	0.80
韩国	0.80
荷兰	0.80
吉尔吉斯斯坦	0.60
加拿大	0.50
柬埔寨	0.60
捷克	0.80
肯尼亚	0.80
老挝	0.80
罗马尼亚	0.70
马来西亚	0.40
美国	0.40
蒙古	0.40

续表

国家 \ 年份	2018
孟加拉国	0.80
缅甸	0.60
墨西哥	0.40
南非	0.70
尼日利亚	0.70
日本	0.70
沙特阿拉伯	0.70
斯里兰卡	0.60
苏丹	0.70
塔吉克斯坦	0.60
泰国	0.70
土耳其	0.80
土库曼斯坦	0.60
委内瑞拉	0.80
乌克兰	0.60
乌兹别克斯坦	0.60
希腊	0.60
新加坡	0.80
新西兰	0.70
匈牙利	0.70
伊拉克	0.60
伊朗	0.80
以色列	0.80
意大利	0.70
印度	0.60
印度尼西亚	0.70
英国	0.70
越南	0.60
赞比亚	0.70

数据来源：德尔菲法。

表41　　双边政治关系

国家 \ 年份	2018
阿根廷	7.25
阿联酋	7.05
埃及	7.65
埃塞俄比亚	8.25
安哥拉	7.45
澳大利亚	6.40
巴基斯坦	8.75
巴西	7.55
白俄罗斯	7.85
保加利亚	7.10
波兰	7.25
德国	7.45
俄罗斯	8.80
法国	7.55
菲律宾	7.30
哈萨克斯坦	8.00
韩国	7.45
荷兰	7.25
吉尔吉斯斯坦	7.45
加拿大	7.30
柬埔寨	8.05
捷克	7.30
肯尼亚	7.35
老挝	8.10
罗马尼亚	7.00
马来西亚	6.95
美国	4.95
蒙古	7.05

续表

国家 \ 年份	2018
孟加拉国	7.50
缅甸	7.65
墨西哥	7.05
南非	7.35
尼日利亚	7.35
日本	6.75
沙特阿拉伯	7.00
斯里兰卡	7.15
苏丹	7.35
塔吉克斯坦	7.50
泰国	8.15
土耳其	7.10
土库曼斯坦	7.15
委内瑞拉	7.20
乌克兰	7.00
乌兹别克斯坦	7.45
希腊	7.45
新加坡	7.00
新西兰	7.20
匈牙利	7.30
伊拉克	7.10
伊朗	7.40
以色列	7.50
意大利	7.15
印度	6.75
印度尼西亚	7.50
英国	7.55
越南	7.20
赞比亚	7.50

数据来源：德尔菲法。

张明，研究员，博士生导师。中国社会科学院世界经济与政治研究所国际投资研究室主任。研究领域为国际金融与宏观经济。入选国家万人计划首批青年拔尖人才、中国金融博物馆中国青年金融学者、中央国家机关优秀共产党员。兼任平安证券首席经济学家。在国内外学术期刊与财经媒体上分别发表了若干学术论文与财经评论，并撰写了大量的决策咨询报告。

王碧珺，副研究员。中国社会科学院世界经济与政治研究所国际投资研究室副主任，北京大学经济学博士。研究领域为国际投资，在《世界经济》《世界经济与政治》*China & World Economy* 等国内外核心期刊上发表相关学术论文数十篇，并著有《中国对外直接投资的理论、战略与政策》一书。